Hermann Weinhauer

LANDSER IM WELTKRIEG 5

Verstaubt sind die Gesichter – Mit der

2. Panzerdivision in Griechenland

EK-2 Militär

Über die Reihe
Landser im Weltkrieg

Jeder Band dieser Romanreihe erzählt eine fiktionale Geschichte, die vor dem Hintergrund realer Ereignisse und Schlachten im Zweiten Weltkrieg spielt. Im Zentrum der Geschichte steht das Schicksal deutscher Soldaten.

Wir lehnen Krieg und Gewalt ab. Kriege im Allgemeinen und der Zweite Weltkrieg im Besonderen haben unsägliches Leid über Millionen von Menschen gebracht.

Deutsche Soldaten beteiligten sich im Zweiten Weltkrieg an fürchterlichen Verbrechen. Deutsche Soldaten waren aber auch Opfer und Leittragende dieses Konfliktes. Längst nicht jeder ist als glühender Nationalsozialist und Anhänger des Hitler-Regimes in den Kampf gezogen – im Gegenteil hätten Millionen von Deutschen gerne auf die Entbehrungen, den Hunger, die Angst und die seelischen und körperlichen Wunden verzichtet. Sie wünschten sich ein »normales« Leben, einen zivilen Beruf, eine Familie, statt an den Kriegsfronten ums Überleben kämpfen zu müssen. Die Grenzerfahrung des Krieges war für die Erlebnisgeneration epochal und letztlich zog die Mehrheit ihre Motivation aus dem Glauben, durch ihren Einsatz Freunde, Familie und Heimat zu schützen.

Prof. Dr. Sönke Neitzel bescheinigt den deutschen Streitkräften in seinem Buch »Deutsche Krieger« einen bemerkenswerten Zusammenhalt, der bis zum Untergang 1945 weitgehend aufrechterhalten werden konnte. Anhänger des Regimes als auch politisch Indifferente und Gegner der

NS-Politik wurden im Kampf zu Schicksalsgemeinschaften zusammengeschweißt.

Genau diese Schicksalsgemeinschaften nimmt »Landser im Weltkrieg« in den Blick.

Bei den Romanen aus dieser Reihe handelt es sich um gut recherchierte Werke der Unterhaltungsliteratur, mit denen wir uns der Lebenswirklichkeit des Landsers an der Front annähern. Auf diese Weise gelingt es uns hoffentlich, die Weltkriegsgeneration besser zu verstehen und aus ihren Fehlern, aber auch aus ihrer Erfahrung zu lernen.

Nun wünschen wir Ihnen viel Lesevergnügen mit dem vorliegenden Werk.

Ihre Zufriedenheit ist unser Ziel!

Liebe Leser, liebe Leserinnen,

zunächst möchten wir uns herzlich bei Ihnen dafür bedanken, dass Sie dieses Buch erworben haben. Wir sind ein kleines Familienunternehmen aus Duisburg und freuen uns riesig über jeden einzelnen Verkauf!

Unser wichtigstes Anliegen ist es, Ihnen ein angenehmes Leseerlebnis zu bieten.

Damit uns dies gelingt, sind wir sehr an Ihrer Meinung interessiert. Haben Sie Anregungen für uns? Verbesserungsvorschläge? Kritik?

Schreiben Sie uns gerne: info@ek2-publishing.com

Nun wünschen wir Ihnen ein angenehmes Leseerlebnis!

Heiko und Jill von EK-2 Militär

Verstaubt sind die Gesichter

Eine dicke Staubfahne ist am südwestlichen Horizont zu erkennen. Die Männer erkennen ein Beiwagenkrad, das mit höchstmöglichem Tempo über die miserable, staubige und steinige Straße angebraust kommt. Der Fahrer des B-Krads hat eine große Staubschutzbrille auf und drückt das Gas bis zum Anschlag.

Der Mann, der im Beiwagen sitzt, muss sich mit seiner rechten Hand krampfhaft am Haltegriff des Beiwagens festklammern. Mit seiner linken Hand winkt er schon von Weitem zu den nun neugierig schauenden Landsern herüber, die die steinige Straße weiter voran fahren. Das hektische Winken des Zugführers kann nur bedeuten, dass sie ihren Vormarsch stoppen sollen.

Feldwebel Michael Schubert, stellvertretender Zugführer der Kradschützen-Einheit, beugt sich von seinem Beiwagen zu seinem Fahrer herüber und tippt ihm auf die Schulter.

„Stopp, Lemke. Halt die Maschine an. Wollen mal hören, was der Leutnant will."

Die Kradschützen sind nicht alle begeistert von ihrem neuen Zugführer. Er war erst kurz vor Beginn des Feldzuges zu ihnen gestoßen und hat noch keinerlei Kampferfahrung.

Der Großteil der Kradschützen war hingegen bereits in Polen, Luxemburg und Frankreich dabei. In Frankreich war es auch, wo sie ihren alten Zugführer verloren hatten. Er wurde bei einem von ihm selbst durchgeführten Spähtrupp tödlich getroffen. Seit dieser Zeit hatte Feldwebel Michael Schubert die Einheit stellvertretend geführt, bis der neue Zugführer namens Maximilian Lorenz eintraf. Diese Maßnahme traf nicht bei allen Zugangehörigen auf Verständnis und nicht wenige hätten sich lieber Schubert als neuen Zugführer gewünscht.

Er muss wegen des Motorenlärms der vielen Krafträder förmlich schreien, damit sein Fahrer, der Gefreite Jacob Lemke, ihn verstehen kann.

Lemke nickt kurz und bremst sofort scharf ab.

„Bin gespannt, was der Bubi wieder will", meint Lemke etwas abfällig zu Schubert.

Der Feldwebel muss sich festhalten, um zu verhindern, dass er nach vorne geschleudert wird.

„Na, na, nicht so frech, der Herr Gefreite", erwidert Schubert zu seinem Fahrer. „Nun gebt dem Leutnant doch auch mal eine Chance. Er ist eigentlich ganz in Ordnung. Nur halt noch grün hinter den Ohren."

Hinter ihnen kommt der ganze Kradschützen-Zug kreuz und quer zum Stehen.

Unmittelbar neben der BMW R 75 des Feldwebels kommt auch die Maschine des Obergefreiten Hertel zum Stillstand. Über der Einheit hängt nun ebenfalls eine grau-gelbe Staubglocke, die sich wie eine Woge über die Landser hinwegbewegt.

Hertel schiebt dennoch seine Staubbrille aus dem staub- und dreckverkrusteten Gesicht. Er befestigt sie auf dem oberen Rand seines Stahlhelms, schaut zum Feldwebel hinüber und meint hustend: „Was will denn der? Hat ja ein ganz schönes Tempo drauf. Da brennt es doch sicher irgendwo."

Neben dem Obergefreiten im Beiwagen richtet sich der Gefreite Hartmann auf und streckt seine durch die lange Fahrt steif gewordenen Glieder.

Die heranbrausende Maschine stoppt nun dicht neben den ersten Maschinen des Kradschützen-Zugs.

„Sofort absteigen, dicht vor uns sind Feindstellungen durch einen Nahaufklärer gemeldet! Wir gehen

250 Meter zurück und dann dort in Stellung! In ein paar Minuten kommen einige Panzer II. Die sollen bewaffnete Aufklärung gegen die Kastellhöhe machen und gegebenenfalls die Stellungen überrollen und wir sollen dann infanteristisch unterstützen. Bis dahin werden die Ohren offen und die Köpfe unten gehalten."

Die Männer montieren die MG-34 von den Halterungen, schnappen sich ihre Karabiner oder MP und steigen aus den Beiwagen. Die Fahrer sammeln die Kräder an der befohlenen Stelle, aber ein wenig abseits im Gelände, so gut es auf den engen Straßen und Wegen geht. Viel Platz ist jedoch nicht vorhanden. Trotzdem müssen sie, so gut es geht von der Straße herunter. Schon kurze Zeit später haben sich die Kradschützen im Gelände verteilt und provisorische Deckungen eingenommen. Der Leutnant befiehlt, provisorische Stellungen auszuheben. Daraufhin ist ein allgemeines unzufriedenes Gemurre zu hören.

„Ruhe jetzt! Ihr habt gehört, was der Leutnant befohlen hat! Bewegt eure müden Knochen!", ist nun die befehlsgewohnte Stimme von Feldwebel Schubert zu hören, um die aufkommenden Diskussionen zu beenden.

Er schnappt sich selbst seinen Feldspaten und hebt eine flache Schützenmulde aus.

Als er damit fertig ist, begibt er sich zu Leutnant Lorenz, um das weitere Vorgehen des Zuges zu besprechen.

Ungefähr eine halbe Stunde später hören die Männer die leichten Panzer II über die steinigen Straßen heranrumpeln. Deutlich ist das Quietschen der Gleisketten und das Brummen der 6-Zylinder Maybach HL TRM-Motoren zu hören. Es dauert nicht lange, da sehen sie die Stahlungetüme auch schon und mit klirrenden Ketten fahren sie an ihnen vorbei.

Die Kradschützen schimpfen und fluchen. *Benzinritter* und *Armleuchter* sind noch die nettesten Worte, die den Panzermännern in ihren eigentlich schwarzen, doch nun ebenfalls mit grau-gelbem Staub bedeckten Uniformen entgegengeschleudert werden. Aber unbeirrt rasselnd und brummend, eine dicke Staubwolke hinter sich herziehend, rattern die steingrauen Stahlkästen weiterhin vorwärts.

Der Führer der kleinen Einheit lehnt sich aus seinem Turm.

„Wo ist denn euer Häuptling?", erkundigt sich der Panzersoldat salopp.

Der angesprochene Landser in seiner feldgrauen Uniform hustet vor lauter Staub und zeigt mit seinem Arm nach hinten.

„Dort hinten, ich hol ihn", drückt er hustend und prustend heraus.

Der Panzersoldat wartet kurz und ruft etwas in das Innere des Panzer II.

Wenige Minuten später ist der Soldat sowohl mit dem Zugführer Leutnant Lorenz als auch mit Feldwebel Schubert zurück.

Der Panzersoldat im Rang eines Unteroffiziers grüßt die beiden Männer knapp und meint leger: „Herr Leutnant, ich soll mit meinen Panzern hier aufklären. Ungefähr einen halben Kilometer voraus soll es gut ausgebaute und getarnte Feindstellungen geben. Ein Nahaufklärer hat aus seinem Storch wohl verdächtige Bewegungen gesehen, konnte aber nichts weiter aufklären."

„Seien Sie gegrüßt, Unteroffizier", meint Leutnant Lorenz schon etwas förmlicher. „Etwa 300 Meter weiter folgt eine leichte Linksbiegung. Kurz danach müssten dann die Widerstandsnester kommen. Von der Kampfgruppe wurde befohlen, dass wir infanteristisch unterstützen sollen. Leider haben wir aber auch keine Kenntnis, wie stark der Feind ist oder ob er gar Panzerabwehr hat. Schlage deshalb vor, dass Sie mit Ihren Stahlkästen voran fahren und bei Bedarf einmal ES Stern Rot schießen."

Weitere Kleinigkeiten werden noch abgesprochen, dann rumpeln die leichten Panzer weiter voran und damit frontal auf den Feind zu. Lorenz und Schubert werfen sich in das nächstgelegene Deckungsloch und beide nehmen die Ferngläser vor die Augen, um das Vorgehen der Panzer zu beobachten.

Kaum sind die Panzer einige hundert Meter an der alten Stellung der Kradschützen vorbei und hinter der leichten Straßenbiegung verschwunden, da beginnt ein fürchterliches Abwehrfeuer. Aus Maschinengewehren und leichten Panzerabwehrgeschützen schlägt den deutschen Panzern ein massiver, nicht vermuteter Granathagel entgegen. Die leichten Panzer II antworten mit ihren 2 cm-Geschützen und den Bord-MGs. Das schnelle Stakkato der 2 cm-KwK 30 L/55 ist deutlich aus der sonstigen Geräuschkulisse herauszuhören. Die kleinen Explosivgeschosse durchlöchern die Schutzschilde der verschanzten britischen 2-Pfünder-Geschütze und töten die dahinter Schutz suchende Bedienmannschaft. Auch die MG-Nester, die hinter hervorragenden Felsen oder in Spalten der Steilhänge geschickt eingearbeitet sind, werden unter konzentriertes Feuer genommen.

Doch die deutschen Panzer sind in der Enge der Straße nicht wirklich beweglich und können kein Bewegungsgefecht führen. Und so dauert es auch nicht lange, bis der erste Panzer II von einer britischen 40 Millimeter-Granate getroffen wird. Das Geschoss durchschlägt die 34,5 Millimeter starke Frontpanzerung des Panzers. Sofort verstummt das Geschützfeuer des Panzers und kurz darauf springen die Kommandantenluke im Turm und die Fahrerluke im Bug auf. Daraus steigt schwarz-grauer Rauch aus dem getroffenen Fahrzeug nach oben. Doch von der dreiköpfigen Besatzung ist nichts zu sehen. Wenige Augenblicke später erschallt eine ohrenbetäubende Explosion und es flammt eine riesige Feuerlohe aus der kleinen Kommandantenkuppel und aus dem Motorraum. Dort wird sogar die dünne Motorabdeckung abgerissen und weggeschleudert. Unbeirrt setzen die restlichen Panzerkampfwagen den Kampf fort. Doch das Abwehrfeuer der Gegner lässt nicht nach. Nun steigt auch das vereinbarte ES in den Himmel.

„Los! Los! Hoch mit euch!", ruft der Leutnant seinen Männern zu und erhebt sich.

Die Deutschen sprinten nach vorne. Der ohnehin schon laute Gefechtslärm wird immer intensiver, je näher sie den kämpfenden Panzern kommen. Kaum um die kleine Biegung gehetzt, da werden die Landser auch schon in Deckung gezwungen. Ein wahrer Hagel aus MG-Garben und Gewehrfeuer deckt sie beinahe sofort ein. Sie versuchen zwar das Feuer zu erwidern, aber sie können kaum die Köpfe aus den Deckungen heben. Ununterbrochen schlagen Geschosse in die Felsen und Felswände. Splitter werden herausgerissen und sirren zusammen mit Metallsplittern durch das Gelände. Schon werden die ersten Rufe nach den Sanitätern laut.

Schubert sieht, wie ein zweiter Panzer getroffen wird und zu brennen beginnt. Die Luken schlagen auf und die Besatzung bootet aus. Die Kradschützen versuchen den Kameraden wenigstens etwas Deckung zu verschaffen. Sie feuern so gut es eben geht auf die MG-Nester der Briten und winken die drei Panzermänner heran.

Kurz darauf wird auch ein dritter Panzer II getroffen. Er explodiert in einer höllischen Detonation. Der Turm wird von der Panzerwanne regelrecht abgerissen und schlägt einige Meter neben dem brennenden Wrack auf dem staubigen Boden auf. Auch Laufrollen und andere Metallteile des Panzers fliegen umher. Kleine Stahlsplitter zirpen gefährlich durch die nähere Umgebung.

Die Kradschützen können bei diesem Feuer- und Splitterhagel nicht unterstützen. Es wäre glatter Selbstmord. Die beiden restlichen leichten Panzer können in diesem Gelände und nun auch noch durch die drei brennenden Wracks behindert, noch schlechter als vorher manövrieren. Schon nach relativ kurzer Zeit sind bereits drei Panzer durch Feindfeuer verloren. Zu allem Überfluss wird beim Zurücksetzen der übrigen zwei Panzer im steinigen Gelände an großen Felsbrocken die rechte Kette beschädigt. Aber wenigstens ist der Panzer II bereits aus dem Wirkungsbereich der feindlichen Waffen heraus. So fällt nach den drei vernichteten Panzern ein weiterer Panzerkampfwagen aus technischen Gründen aus. Die Kette ist so schwer beschädigt, dass sie nicht von der Besatzung mit Bordmitteln instandgesetzt werden kann.

Glücklicherweise beginnt es bereits zu dämmern und so können die überlebenden Besatzungsmitglieder zusammen mit den Kradschützen und deren Verwundeten mit der einbrechenden Dunkelheit das Kampffeld verlassen und werden in der provisori-

schen Stellung der Kradschützen von Sanitätsdienst-
graden in Empfang genommen.

Zum Glück für die deutsche Vorhut stoßen die Commonwealth-Soldaten nicht nach, sondern verbleiben
in ihren ausgezeichnet ausgebauten Widerstandsnes-
tern.

Damit ist der erste Angriff der deutschen Angriffs-
gruppen auf diese britische Verteidigungslinie verlustreich an Menschen und Material gescheitert. Die
Deutschen müssen den Verlust von drei Panzern als
Totalausfall und eines weiteren Panzers für die Instandsetzung verkraften. Darüber hinaus sind sechs
Panzersoldaten und vier Kradschützen gefallen sowie
mehrere verwundet worden. Über die Verluste der
britischen Verteidiger ist auf deutscher Seite nicht viel
bekannt, doch wurden mindestens zwei Panzerabwehrgeschütze vernichtet.

Der Obergefreite Thorsten Seibt kriecht fröstelnd aus
seinem Nachtlager. Ihm gleich machen es die restlichen Besatzungen der umstehenden Panzer III.

„Das ist also Griechenland. Auch nicht anders als
woanders. Nur ganz schön kalt ist es", murmelt der
Richtschütze seines Panzers, reckt sich und schlägt
den Kragen seiner schwarzen Panzerjacke hoch. Seine
Hände vergräbt er tief in den Taschen seiner ebenfalls
schwarzen Uniformhose.

Die langsam aufsteigende Sonne verspricht einen
warmen Tag. Doch noch ist der Morgen reichlich
frisch.

Wie dunkle Ungeheuer stehen die Panzer zwischen
großen Ahorn- und Weidenbäumen in Deckung. Sie
sind durch abgeschlagene Zweige notdürftig getarnt.

Weiter vorn sehen die Panzermänner einen großen Berg mit einem alten Burggemäuer, der sich klar und deutlich vor dem Morgenhimmel abzeichnet. Dort geht es bereits wieder hoch her. Die Landser hören die dumpfen Granatexplosionen und sehen selbst in der Morgendämmerung wie die schwarzen Rauchfahnen hochsteigen und im leichten Morgenwind zerfließen.

Der Gefreite Hermann Schönborn, Ladeschütze seines Panzers, streicht sich über sein stoppliges Gesicht.

„Na, da haben wir uns aber ganz schön festgebissen. Es wird schwer werden, die Tommies aus ihren ausgebauten Bergstellungen herauszuschmeißen. Davon mal abgesehen, dass das Ganze hier überhaupt kein Panzergelände ist. Berge, Felsen, enge Straßen. Vielleicht für die Stoppelhopser oder die neue Kavallerie mit ihren Krädern. Aber wir? Wenn wir da drüber sind, haben unsere Kisten doch nur noch Schrottwert."

Er spuckt aus. Noch ehe er seine Schimpftirade weiter ausführen kann, kracht es plötzlich hinter ihnen und die Panzersoldaten zucken erschrocken zusammen.

Stinkender schwarz-grauer Pulverdampf weht zu ihnen herüber.

„Na, schau an. Unsere Ari wird ja auch schon wach", meint der heranschlendernde Funker Fritz Berger und deutet mit seinem rechten Daumen nach hinten über seine Schulter, dort wo die Abschussdetonationen herkommen. „Es scheint ein heißer Tag zu werden."

Jeder der anwesenden Männer weiß, dass er damit nicht nur das Wetter gemeint hat.

Wenige Minuten später erweisen sich seine Worte als wahr, denn nun beginnen auch die britischen Artilleriebatterien zu feuern und nehmen die deutschen

Geschütze unter Beschuss. Es entbrennt ein intensives Artillerieduell und keine Seite schenkt der anderen etwas.

Was jedoch noch auf sie zukommen sollte, das ahnt niemand der jungen Soldaten.

Der Fahrer des Panzers, der Gefreite Ronald Daunke, geht auf seinen Panzer zu und schwingt sich auf das Heck hinauf. Auf der rechten Kettenabdeckung haben sie eine Verpflegungskiste verstaut. Suchend wühlt er darin herum.

Schließlich ruft er Seibt zu: „Fang auf."

Er wirft dem Richtschützen zwei Kommissbrote, eine Konservendose und eine Tube Käse zu.

Seibt schaut ihn empört an.

„Sag mal, soll das etwa alles sein? Für fünf Mann? Das ist doch gerade mal zum Anfüttern."

„Na, dann hättet ihr gestern Abend nicht so viel fressen dürfen!", verteidigt sich der Fahrer.

Auch Daunke findet, dass es ein sehr mageres Mahl wird, aber es muss nun einmal reichen.

Der Gefreite Schönborn hat in der Zwischenzeit einige dürre Äste und Zweige aus der näheren Umgebung zusammengesucht. Mit einem Sturmfeuerzeug entfacht er den kleinen Holzhaufen, baut ein provisorisches Gestell und hängt ein Kochgeschirr voll Wasser über die Flamme, um damit eine trübe Brühe, die man als Kaffee bezeichnen könnte, zu kochen.

Gleich darauf versammeln sich die vier Panzersoldaten um das improvisierte Lagerfeuer. Die Kommissbrote sind aufgeteilt, die Konservendose und die Käsetube sind geöffnet. Den Kaffee hat Seibt bereits eingeschenkt.

Ein paar Meter neben den Panzersoldaten beginnt es sich zu regen.

Seibt stößt Berger mit seinem Ellenbogen in die Seite.

„Unser Leutnant wird anscheinend auch langsam wach."

Gemächlich kriecht Leutnant Klaus Hesse unter seiner Zeltbahn hervor. Er reibt sich die schlaftrunkenen Augen und schaut sich um.

„Hier, Herr Leutnant, ein heißer Kaffee. Der wird Ihnen gut tun", meint der Obergefreite Seibt aufmunternd.

Aber Leutnant Hesse, der sowohl der Kommandant ihres Panzers als auch der Führer des II. Zuges ist, schreit sie wütend an: „Ihr seid wohl von allen guten Geistern verlassen! Eure Lagerfeuer sieht man doch kilometerweit! Wenn das der Feind aufklärt, dann gibt es hier gleich ein mächtiges Feuerwerk! Macht sofort diesen Blödsinn aus!"

Dabei zeigt er mit zornigem Gesichtsausdruck auf die kerzengerade aufsteigende, kleine Rauchsäule ihres Feuers.

Mit verlegenem Gesichtsausdruck schiebt Seibt die Holzreste mit seinen Stiefeln zusammen und scharrt danach etwas Erde über den glimmenden Haufen Glut.

Noch immer etwas angesäuert, nimmt der Leutnant die ihm vom Gefreiten Fritz Berger angebotenen bestrichenen Brotscheiben und den heißen Kaffee entgegen.

Genüsslich beißt der Offizier in die Brotscheibe mit Tubenkäse.

Gerade als er zu seinem ersten Schluck Kaffee ansetzen möchte, hört er das Geknatter eines Krads. Augenblicke später taucht es zwischen den Bäumen auf.

„Herr Leutnant, Sie sollen sofort zum Chef kommen! ", ruft der Melder auf der Solo-BMW.

Leutnant Klaus Hesse verschlingt schnell noch einen Bissen seines Brotes und spült diesen mit einem kräftigen Schluck des heißen Kaffees hinunter.

Danach schnallt er sein Koppel um, richtet die schwarze Panzeruniform und setzt das schwarze Schiffchen mit den rosafarbenen Paspelierungen auf.

So hergerichtet, schwingt er sich auf den Sozius-Sitz des BMW-Solokrads.

Nach ungefähr einer Viertelstunde ist das Geknatter des Melde-Krads wieder zu hören. Leutnant Hesse wird wieder zurückgebracht und wirkt nun vollkommen munter.

Das Gesicht des Offiziers sprüht nur so vor Tatendrang und das bedeutet, dass etwas anliegt und es bald losgehen wird.

Noch auf dem Krad sitzend, ruft er zum Obergefreiten Seibt: „Hol die anderen Kommandanten zusammen!"

Im selben Augenblick schwingt er sich mit einer eleganten Bewegung von der Maschine und der Melder braust wieder davon.

Nachdem alle Kommandanten sich beim Panzer von Leutnant Hesse versammelt haben, beginnt dieser zu sprechen: „Herhören und Ohren aufgesperrt! Wir greifen an!"

Aufgeregtes Gemurmel ist unter den Kommandanten zu vernehmen.

„Das kann doch nicht wahr sein. In diesem Gelände? Na, dann Helm ab zum Gebet."

Es ist Feldwebel Michael Lindenhorst, der sich ein Herz fasst und das laut ausspricht, was alle anderen Kommandanten denken.

Leutnant Hesse schneidet dem jungen Kommandanten des Panzerkampfwagens 222 seines Zuges mit einer kurzen Handbewegung das Wort ab, noch ehe der Feldwebel etwas hinzufügen kann.

„Das ist Ihre Meinung, Lindenhorst, und die ist jetzt erstmal uninteressant. Befehl ist Befehl und außerdem – wie sagt man so schön? Panzer kommen überall durch!"

Die übrigen Kommandanten müssen lachen. Wenn es brenzlig wird, dann pflegt ihr Zugführer immer diesen Spruch zum Besten zu geben. Irgendwann einmal hatte er es von einem Kameraden aus einem anderen Zug gehört und nun ist es auch zum Kulturgut ihres Zuges geworden.

„Ruhe jetzt", fährt Hesse fort und deutet mit ausgestrecktem rechten Arm nach vorn zum Horizont, wo pausenlos Granaten der leichten und mittleren Artillerie einschlagen und eine immer größer werdende grau-braun-schwarze Rauchwolke emporsteigt.

„Dort vorne liegt die verfluchte Kastellhöhe. Bisher konnte sie nicht genommen werden. Gestern haben es Kradschützen und einige leichte Panzer unserer 2. Kompanie versucht. Die Kradschützen sind durch massives Abwehrfeuer nicht allzu weit aus ihren Stellungen gekommen und schon bald steckengeblieben und auch die Panzer II der Kameraden sind abgeschmiert. Drei von ihnen wurden vernichtet und sind nur noch Schrott wert. Einer steht beschädigt auf der Straße und behindert nun den möglichen Angriff noch zusätzlich. Denn heute soll nun die gesamte Abteilung losschlagen. Erst sollen wir die Tommies aus ihren Stellungen herausschießen und dann sollen die modernen Kavalleristen die Stellungen endgültig säubern. Im Vorrollen müssen wir dann die restlichen Widerstandsnester eins nach dem anderen ausschalten."

Die letzten Worte des Panzeroffiziers werden beinahe vom plötzlich anschwellenden Abschussdonner der Artillerie übertönt. Die deutschen Batterien intensivieren ihr Feuer. Die Abschüsse donnern nun unaufhörlich. Auf und rings um die Kastellhöhe blitzt und zuckt es ununterbrochen. Die Detonationswolken sprießen durchgehend auf und wallen sich über das steinige Gebirgsgelände. Das Echo der einschlagenden Granaten rollt auf die Panzersoldaten zu und vermischt sich mit dem Klang der Artillerieabschüsse.

„Aha, unsere Artillerie legt nun endlich richtig los und beginnt mit dem Vorbereitungsfeuer."

Den übrigen Panzermännern ist alles andere als wohl zumute, wenn sie an den bevorstehenden Angriff in diesem für Panzerfahrzeuge ungemein ungeeigneten Gelände denken.

Auch Leutnant Hesse geht es nicht anders, doch kann er seine Unsicherheit nicht vor seinen ihm anvertrauten Männern zeigen. Daher hat er seine Bedenken mit seiner forschen Rede überdeckt und präsentiert demonstrativ Zweckoptimismus.

Aus dem Hinterland taucht ein Schützenzug des motorisierten Schützenregiments 304 in lockerer Formation auf.

Ein Oberfeldwebel mit der Statur eines Bären nähert sich den schwarz gekleideten Panzermännern mit den silbernen Totenköpfen auf den Kragenspiegeln.

„Bin ich hier richtig bei der Dritten?", erkundigt er sich leger.

Leutnant Hesse begibt sich zu dem Oberfeldwebel, der den Offizier um gut zwei Köpfe überragt.

Als der Schützenzugführer den Panzeroffizier erkennt, baut er sich vor Leutnant Hesse auf und meldet: „Dritter Zug, sechste Kompanie mit 51 Mann zur

Stelle. Wir sollen zusammen mit Ihren Panzern angreifen, Herr Leutnant!"

Hesse gibt dem Infanteriezugführer die Hand.

„Sehr schön, Oberfeld. Jede Gruppe soll auf einen meiner Panzer aufsitzen. Dann könnt ihr aufgesessen mit uns nach vorn fahren. Wenn es knallt, dann runter von den Panzern. Danach nicht zu dicht aufschließen – Stahl zieht Stahl an!" Danach wendet er sich wieder seinen Panzerkommandanten zu: „Also – auf los, geht es los. Jeder von euch nimmt eine der Schützengruppen mit nach vorn. Aufsitzen!"

Die Kommandanten verschwinden und begeben sich zu ihren Panzerkampfwagen.

Auch Leutnant Klaus Hesse schreitet zu seinem Panzer. Dort sieht er seine Männer, wie sie noch mit einigen Schützen vor dem Fahrzeug stehen und mit den Infanteristen reden.

Neue Schützengruppen kommen und suchen die Panzer der 3. Kompanie, auf denen sie mitfahren sollen. Leutnant Hesse lotst sie weiter nach links, dort wo die Panzer der anderen Züge ebenso getarnt in Deckung stehen.

Bei der Kastellhöhe wird der Gefechtslärm indes immer lauter. Nun haben sich auch 81 mm-Granatwerfer und herangeführte Panzerabwehrgeschütze mit in das Höllenkonzert eingeschaltet. Dazwischen ist hin und wieder das leise Tackern und Knallen von Infanteriewaffen zu hören.

Anscheinend sind die vorderen Teile der Kampfgruppe bereits in Gefechte verwickelt.

Leutnant Hesses II. Zug ist ebenso wie die gesamte 3. Panzerkompanie als Reserve eingesetzt und wird noch zurückgehalten.

Gespannt warten die Panzersoldaten rund um Leutnant Klaus Hesse auf den erlösenden Einsatzbefehl.

Die sich auf der Kastellhöhe festgesetzten Neuseeländer hatten bereits im Morgengrauen versucht, den deutschen Aufmarsch zu behindern und möglichst zu zerschlagen. Dafür setzten sie massiertes Artilleriefeuer ein. In den meisten deutschen Bereitstellungsräumen gingen Granaten hernieder, erkannte Artilleriestellungen wurden ebenfalls gezielt unter Feuer genommen. Bei den deutschen Angriffsverbänden kam es zu ersten Verlusten noch ehe der Angriff begann.

Die deutsche Artillerie wiederum versuchte seit Punkt 7 Uhr die Stellungen der Neuseeländer und die Artilleriebatterien der Commonwealth-Truppen zu vernichten.

Das schwerste Feuer ging direkt auf der Kastellhöhe nieder.

Als Ablenkung und zur Verschleierung des Hauptangriffs begann ein Panzervorstoß, angesetzt als Umfassungsangriff gegen die neuseeländischen Kräfte.

Pünktlich um 9 Uhr beginnt dann schließlich der Hauptangriff gegen die gesamte neuseeländische Front.

Einige 5 cm-Pak schirmen das Vorgehen der deutschen Infanteriekräfte mit ihren Sprenggranaten ab und decken die erkannten oder vermuteten Feindstellungen ein.

Links der angreifenden Schützen- und Kradschützen-Einheiten geht die 2. Panzerkompanie vor, rechts an die Infanteriekräfte angelehnt, rasseln die Panzerkampfwagen der 1. Panzerkompanie vor.

So gut es geht, geben die Kampfpanzer Feuerschutz. In geschlossener Front stoßen die Angriffsverbände der feuerspeienden Kastellhöhe entgegen.

Die Panzer III müssen über einen schmalen Pfad die Steilhänge erklimmen. Mehrere der über 20 Tonnen schweren Stahlungetüme fahren auf versteckte Minen. Die Gleisketten reißen oder das Laufwerk mit den sechs mittelgroßen Laufrollen nimmt Schaden.

Das Ergebnis ist jedoch das gleiche: Die beschädigten Fahrzeuge versperren den nachfolgenden Panzern den Weg.

Wohl oder übel müssen die restlichen Panzerfahrzeuge wieder talwärts fahren und dort entlang ausweichen. Doch auch dort bleiben drei Panzer mit Minenschaden liegen.

Nachdem sich weiter an der rechten Flanke die Kradschützen in einer zangenartigen Angriffsbewegung vorgearbeitet haben, gehen sie gegen den Ort Pandeleimon vor.

Noch weiter rechts stoßen die Schützen des II. Bataillons des 304. Schützenregiments vor. Sie haben das Ziel, den jenseitigen Berghang zu umgehen, um zum Bergrücken zu gelangen. So wollen sie die neuseeländische Verteidigung aus den Angeln heben.

Doch der Angriff schlägt nicht wie geplant durch. Bedingt durch die Probleme beim Anmarsch, der Bereitstellung und dem Vormarsch, stoßen die deutschen Verbände zu zeitverzögert vor und die sich tapfer und hartnäckig verteidigenden Neuseeländer können durch geschickte Verschiebung ihrer Kräfte den Angriff zunächst abwehren.

Die Kradschützen werden in ein erbittertes Gefecht verwickelt. Hartnäckig ringen sie mit den Commonwealth-Truppen, ohne dass sie entscheidend vorankommen.

Erst als die Schützen des II./304 beinahe im Rücken des Gegners auftauchen, weichen diese an der rechten Flanke schrittweise zurück.

Letztendlich kann Pandeleimon erobert und die Feindstellungen von der Flanke her aufgerollt werden.

Damit können nun auch die Panzer zum frontalen Stoß ansetzen, diesmal jedoch gegen den Bergsattel der Kastellhöhe.

Geschlossen rollen die Panzer III der 3. Kompanie unterstützt durch eine Schützenkompanie auf die Feindstellungen zu.

Die Besatzung Hesse ist in ihrem Panzerkampfwagen verschwunden und die Panzersoldaten begeben sich auf ihre Plätze.

Leutnant Klaus Hesse hat die beiden Lukendeckel des Turms nach links und rechts aufgeklappt. Er steht mit dem Oberkörper aus der Turmluke und beobachtet mit seinem Zeiss-Glas die Höhe. Dort schlagen ununterbrochen Granaten ein. Er sieht die Explosionsfeuer zucken und nimmt wahr, wie Staub- und Rauchwolken hoch quellen.

Er nimmt sein Fernglas von den Augen, dreht sich zu den wartenden Schützen um und schreit gegen den deutlich zu vernehmenden Gefechtslärm: „Los! Aufsitzen! Es wird wohl gleich losgehen."

Augenblicke später erfolgt der Angriffsbefehl.

Hesse gibt durch das Kehlkopfmikrofon an den Fahrer Daunke den Befehl zum Losfahren durch.

Der Gefreite hatte den Zwölfzylinder Maybach-Motor bereits laufen lassen. Nun schaltet er und gibt gefühlvoll Gas. Der Panzer III ruckt an und setzt sich mit klirrenden Ketten in Bewegung. Hinter Hesses Panzerkampfwagen folgen nun die übrigen vier Panzerfahrzeuge des Zuges.

Sie rasseln aus dem kleinen Wäldchen hinaus, walzen einige kleine Bäumchen um, rollen an einer Pak vorbei, deren Bedienungsmannschaft hinter dem Schutzschild kauert und Schuss um Schuss auf eine erkannte Feindstellung auf der Kastellhöhe abfeuert.

Das steinige Gelände steigt allmählich an. Schon nach kurzer Zeit haben sie den Fuß der Kastellhöhe erreicht und n un beginnt eigentlich der beschwerliche Teil erre   erreicht und nun beginnt der beschwerliche Geländeteil des Angriffs.

Hesse hat das Turmluk noch immer geöffnet, damit er das unwegsame Gelände besser überblicken kann. Der Leutnant kann erkennen, dass das Gelände vor ihnen zunehmend steiler wird. Darüber hinaus ist es stark mit verwachsenem Unterholz und Gestrüpp bedeckt. Große Steine sind im Gelände verstreut und weiter oberhalb kann er sogar richtige Felsbrocken erkennen.

Vom Gegner kann er allerdings noch nichts entdecken.

„Sollen die Tommies sich tatsächlich abgesetzt haben, als sie die zahlreichen Panzer auf sich zurollen sahen?", denkt sich Hesse.

An den Flanken links und rechts knallt und kracht es dafür ununterbrochen und Leutnant Hesse kann die Explosionswolken erkennen.

Der Panzer walzt sich durch das Gestrüpp und Unterholz, schwankt über Steine unterschiedlichster Größe und schiebt sich über das lockere Geröll.

Nun passiert das, was er bei diesem miserablen Panzergelände befürchtet hatte.

Er blickt sich kurz zu den Schützen um, die sich bei der schwankenden Fahrt krampfhaft festhalten müssen, und beobachtet auch die folgenden Kampfwagen seines Zuges, welche in geringer Entfernung hinter ihnen her rollen.

Er übersieht somit einen Abhang, will Daunke, der durch den Fahrersehschlitz bei diesem Gelände ein grauenvolles Blickfeld hat, im letzten Moment noch warnen, doch da sackt der gute 20 Tonnen schwere Kampfpanzer schon ab. Der Bug des Panzerkampfwagens zeigt schräg nach vorn unten.

Als der Gefreite Daunke den schweren Panzer noch herumsteuern will, fährt sich der Stahlkoloss in der jenseitigen steilen Böschung fest und gräbt sich in das Erdreich.

Daunke stößt einen ewiglangen Fluch aus. Die Männer der Besatzung reagieren jedoch nicht darauf. Leutnant Hesse, der noch immer im offenen Turmluk steht und sich mit aller Kraft festhält, um nicht abzurutschen, bemüht sich darum, nicht die Fassung zu verlieren.

Glücklicherweise hat der nachfolgende Panzerkommandant das Unglück ihres Zugführers rechtzeitig erkannt und kann ausweichen. Der junge Panzerkommandant sucht einen geeigneten Weg, um das Hindernis sicher zu überfahren.

Er findet eine geeignet aussehende Stelle und schickt sich an, das Hindernis zu überwinden. Der Panzer III rollt an – plötzlich erschallt eine ohrenbetäubende Explosion. Hesse fährt ruckartig mit seinem Oberkörper herum und sieht, wie eine grau-gelbe Staubwolke am Panzer emporsteigt. Als die Detonation verklungen und die Staubwolke sich gelegt hat, sieht Leutnant Hesse den Panzerkampfwagen mit zerrissenem rech-

ten Laufwerk. Das rechte Treibrad und das erste Lauf-
rollenpaar liegen abgerissen neben dem Panzer.

Als ob dies das Signal zur Feuereröffnung gewesen
wäre, beginnt nun das konzentrische Abwehrfeuer
der Neuseeländer. Ein Bren-MG beginnt zu feuern
und mehrere Sten-MP stimmen mit ein. Blitzschnell
verschwindet Leutnant Klaus Hesse im Turm und
knallt den zweiteiligen Lukendeckel zu.

Er bekommt gar nicht mehr mit, dass die Schützengruppen von den Panzern springen und sich Deckung
vor dem Abwehrfeuer der Commonwealth-Truppen
suchen. Nun knallen auch einige britische Lee-En-
field-Gewehre dazwischen. Die deutschen Schützen
antworten mit dem Beschuss aus ihren K 98-Karabi-
nern.

„Verdammt, wir müssen raus aus diesem Loch.
Wenn wir hier noch ewig stehen, knacken die Tommies uns noch im Nahkampf. Jetzt kannst du mal zeigen, was du kannst!", ruft Hesse heiser durch sein
Kehlkopfmikrofon zum Fahrer.

Daunke gibt indes sein Bestes. Er haut den Rück-
wärtsgang rein. Der 300 PS starke Maybach röhrt auf
und lässt den Kampfpanzer ein Stück anrücken,
schafft es aber nicht, den Panzer herauszuziehen. Der
Gefreite kuppelt aus, schaltet in den 1. Gang, lenkt etwas nach links. Der Panzer wippt vorwärts, die Gleisketten wühlen sich in den steinigen Erdboden, der
Stahlkoloss kippt beängstigend zur Seite. Anscheinend hat Daunke sich entschieden, die Böschung seitlich anzufahren, um herauszukommen.

Leutnant Hesse, der durch die Sehschlitze in der
Kommandantenkuppel eine bessere Sicht hat, ruft
durch die Bordverständigung: „Fahr geradeaus, so
kippen wir noch um."

Daunke gibt Vollgas, der Maybach-Zwölfzylinder-Motor brüllt auf und der Panzer III nimmt die gefährliche Böschung nun im frontalen Anlauf.

Daunke zeigt ein angespanntes, verkniffenes Gesicht.

Der Panzerkampfwagen steigt langsam hinauf. Erde, Steine und Dreck werden von den Gleisketten weggeschleudert. Der Bug des Stahlungetüms neigt sich immer höher. Die Böschung droht unter dem Gewicht des Panzers abzusacken – doch schließlich kippt der Panzer mit einer harten Wipp-Bewegung wieder in die Waagerechte. Die Besatzung im Inneren wird regelrecht durcheinander geschüttelt. Doch letztendlich hat es Daunke geschafft und der Abhang, der sich als ausgetrockneter Bachlauf entpuppt, ist überwunden.

Leutnant Hesse wischt sich den Schweiß von der Stirn.

„Bloß gut, dass die anscheinend keine Pak hier stehen haben", geht es dem Offizier durch den Kopf.

Auf dem erhöhten Sitz zwischen Richt- und Ladeschützen sitzend, sucht er durch die Sehschlitze im Turm die Gegend ab. Wieder macht sich die bedrückende Enge des Kampffahrzeugs bemerkbar.

Der Kommandant kann außer den eigenen Panzern, die ihre Türme suchend nach links und rechts wandern lassen, nichts erkennen. Auch von der eigenen oder der feindlichen Infanterie ist nichts zu sehen.

„Zum verrückt werden. Die haben sich so ausgezeichnet im Dickicht versteckt und getarnt, dass sie nicht zu entdecken sind", schimpft der Obergefreite Seibt, der durch die Zieloptik blickt und ebenfalls die Umgebung absucht.

Immer wieder klingt es metallisch am Panzer auf, wenn Infanteriegeschosse gegen die dicke Panzerung des Fahrzeugs schlagen. Die Geschosse können dem Panzer nichts anhaben, doch wirken sie allmählich entnervend auf die Besatzung.

Seibt schlägt mit seiner Faust gegen die Panzerung.

„Verdammt noch mal. Ich bekomme kein Schwein in die Optik. Wenn sie nicht feuern würden, könnte man denken, die wären gar nicht mehr da.“

Gerade als Hesse dem Funker Fritz Berger, der auch das Bug-MG bedient, den Befehl zum Feuern ins Dickicht geben will, da nimmt dieser auch schon durch eigenen Entschluss eben dieses Dickicht unter Beschuss. Das Bug-MG 34 beginnt mit schneller Kadenz zu feuern.

Durch einen Sehschlitz kann der Kommandant sehen, wie drei Besatzungsmitglieder des beschädigten Panzer III ausbooten und sich in Deckung werfen.

Seibt packt Leutnant Hesse nun am Arm.

„Halblinks vom großen Oleanderbusch.“

Hesse blickt nun in die angegebene Richtung und die beiden sehen zwei rote Leuchtkugeln in ein Gebüsch ganz in der Nähe des Oleanders fliegen.

„Setzt dort zwei Sprenggranaten rein“, befiehlt der Leutnant dem Richtschützen.

Eine Sprenggranate ist bereits geladen, da sie damit gerechnet hatten, es größtenteils mit Infanteriekräften oder leicht gepanzerten Fahrzeugen zu tun zu bekommen.

Kaum verlässt die Sprenggranate das Rohr, da reißt der Gefreite Schönborn den Verschluss der 5 cm KWK 38 L/42 auf und stemmt eine neue Granate hinein. Als der Ladevorgang nach wenigen Sekunden beendet ist, gibt der Ladeschütze Bescheid, sodass

Seibt auch diese Panzersprenggranate in das Gebüsch setzen kann.

Leutnant Hesse kann in dem Gestrüpp undeutlich einige Bewegungen erkennen und schemenhafte Schatten nach rückwärts verschwinden sehen. Also haben die Sprenggranaten Wirkung gezeigt.

Berger reicht dem Leutnant einen Zettel nach oben in den Turm. Er hat einen Funkspruch des Kompanieführers aufgefangen.

II. Zug weiter nach rechts verschieben – nächstes Angriffsziel Sattel zwischen Kastellhöhe und Höhe 560, steht dort geschrieben.

Wenige Minuten später klettern die vier übrigen Panzerkampfwagen mit röhrenden Maybach HL 120 TRM-Motoren höher und höher. Ununterbrochen drehen sich die Türme der Panzerkampfwagen nach links und rechts. Sie feuern mit ihren 5 cm Bordkanonen, mit den koaxialen Maschinengewehren oder den Bug-MGs auf erkannte und vermutete Gegner. Sie kommen an einen getarnten Laufgraben, dessen Tarnung jedoch größtenteils durch das Artilleriefeuer vernichtet wurde. Die Panzer machen Schießhalt und decken den Graben mit Sprenggranaten und MG-Salven ein. Der Gefreite Hermann Schönborn keucht vor Anstrengung, Schweiß läuft ihm vom Körper. Seine schwarze Uniformbluse klebt ihm am Leib. Der Kampfraum ist gefüllt von Pulverdampf, die Kampfraumentlüftung arbeitet auf Hochtouren, kommt aber kaum gegen die Pulverdämpfe der abgefeuerten Granaten an. Immer wieder müssen Hesse und Seibt husten.

Durch das eindeckende Feuer der Panzer wird es den deutschen Schützen ermöglicht, sich sprungweise an den Graben heranzuarbeiten. Auch diese triefen unter den Stahlhelmen und Uniformen vor Schweiß. Die Schützen brechen nun in den Graben ein, die Panzer müssen daraufhin ihr Feuer auf den Graben einstellen, um nicht die eigenen Kameraden zu gefährden.

Nun rollen die Kampfpanzer weiter und überwinden den Graben. Teilweise werden ganze Grabenstücke durch die über 20 Tonnen schweren Stahlungetüme eingedrückt. Während die Schützen den Graben nach beiden Seiten hin aufrollen, schalten die Panzerkampfwagen die übrigen MG-Stellungen und andere Widerstandsnester aus.

Immer wieder schrammen Geschosse gellend über die Panzerungen der Fahrzeuge oder prallen einfach von den Türmen ab. Teilweise klingt es im Inneren der Stahlfestungen, als ob jemand Hände voll trockener, harter Erbsen gegen eine Metallplatte wirft.

Dennoch ist dies nicht das Schlimmste für die Panzermänner im Inneren. Schlimmer ist das Gelände, durch das sie sich kämpfen müssen.

Die Panzer reißen breite Schneisen durch das dichte, unübersichtliche Gelände und Unterholz.

Schließlich wachsen Felshänge neben und vor ihnen auf und immer mehr und mehr Felsbrocken und Gesteinstrümmer liegen überall verstreut umher. Die Panzerfahrer müssen all ihre Fahrkunst aufbieten, um daran vorbei oder um sie herum zu kommen. Wenn dies nicht möglich ist, dann müssen sie mit knirschenden und mahlenden Gleisketten über sie hinwegsteigen.

Der Gefreite Fritz Berger bekommt einen Funkspruch herein. Der vierte Panzer des Zuges meldet, dass er ausfällt. Beim Überrollen eines Steinbrockens sind wohl einige Kettenglieder gerissen.

„Na Klasse, auch das noch", knurrt Leutnant Hesse wütend. „Wenn möglich, Schaden mit Bordmitteln reparieren und dann schnellstmöglich wieder nachfolgen", lässt er durch Berger zurückfunken.

In der Zwischenzeit bootet die Besatzung des beschädigten Panzers aus. Der Kommandant sichert mit seiner MP 40 die nähere Umgebung. Der Funker bleibt am Gerät und dem Bug-MG sitzen. Die restlichen drei Besatzungsmitglieder machen sich sofort an die Arbeit und versuchen die beschädigten Kettenglieder zu entfernen. Mehrere Bolzen und Glieder sind gerissen. Mühsam werden die intakten Bolzen mit einem großen Vorschlaghammer herausgeschlagen, die Glieder entfernt und durch neue ersetzt – eine schweißtreibende Knochenarbeit und das auch noch in feindbesetztem, noch nicht gesäubertem Gelände.

Der Kampf um die Kastellhöhe und das umliegende Gelände mitsamt gut getarnten Feindstellungen geht indes weiter.

Stück um Stück schieben sich die Panzerkampfwagen und die sie begleitenden Schützen weiter vor. Die Kampffahrzeuge walzen das dichte Dorngestrüpp und Stacheldrahtverhaue nieder. Doch das Vormarschtempo wird immer wieder durch große Steinbrocken und Felsen gebremst. Jedes Mal, wenn sich die 400 mm breiten Raupenketten über einen der Gesteinsbrocken quälen, neigen sich die Kampfpanzer gefährlich weit zur Seite. Die Gleisketten werden immer wieder zum Zerreißen gespannt, bis die Stahlfestungen wieder scheppernd nach vorn kippen und die Besatzungen im Inneren durchschütteln. Diese müssen wütend nach dem nächsten Felsblock Ausschau halten und das Spiel beginnt von Neuem.

Immer wieder klatschen Geschosse gegen den Stahl der Panzerung und zischen und sirren als Querschläger nach links und rechts weg.

Die Schützen, die schon lange von den Panzerfahrzeugen abgesessen sind, arbeiten sich gemeinsam mit den Kampfpanzern vor.

Urplötzlich zischt es nahezu senkrecht vom Himmel und kurz darauf schmettern vier Einschläge beinahe zeitgleich in den harten, steinigen Boden. Die Neuseeländer feuern nun mit Granatwerfern auf die deutschen Angreifer. Zwischen den vorrollenden Panzerfahrzeugen blitzt es nun beinahe unaufhörlich auf.

Stein- und Eisensplitter rasseln gegen die Panzerung der Stahlfestungen. Auch die deutschen Infanteristen, die den Graben nun endgültig gesäubert haben, müssen sich wieder in Deckung werfen, um nicht von den Splittern erwischt zu werden. Mit entnervendem Zirpen fetzen die glühendheißen Metallsplitter auch in die dichten Gebüsche und das unwegsame Unterholz.

Nun quellen dichte, weiße Wolken zwischen den Panzern auf. Die begleitenden Schützen haben Nebelgranaten geworfen, um die Kampfgruppe der Sicht durch den Gegner zu entziehen. Wieder beginnen die deutschen Kampfpanzer den Feind in schnellster Folge unter Feuer zu nehmen. Abschüsse und Einschläge verschmelzen beinahe. Die Ladeschützen in den Panzern leisten Schwerstarbeit.

Mit kurzen Zickzack-Sprüngen arbeiten sich die Schützen nun vor. Sie zerreißen sich an dem spitzen Dorngestrüpp die Uniformen und schneiden sich die Haut blutig auf.

In dem verfilzten Dickicht können sie kaum ein paar Meter sehen oder den Feind entdecken. Nur hin und wieder können sie eine schemenhafte Gestalt erkennen, die aufspringt und in eine neue Deckung hetzt. Sofort wird der Schattengestalt Feuer aus MP und Karabinern nachgeschickt.

Keuchend und schweißüberströmt arbeiten sich auch die Infanteristen Meter um Meter nach oben. Ständig sichern sie nach links und rechts ab und spähen durch das Gelände so gut es ihnen möglich ist.

Plötzlich schlägt ihnen aus dem Rücken heftiges Maschinengewehrfeuer entgegen. Verwundete schreien auf, tödlich getroffen sacken Landser zusammen.

Wieder werfen sich die übrigen in Deckung. Schnell leisten sie den verwundeten Kameraden erste Hilfe. Zwei der Schützen pirschen sich vorsichtig wieder zurück. Die MG-Garben zischen ihnen dabei über ihre Stahlhelme und Rücken. Sirrend summen die Abpraller zu den Seiten weg und schlagen dabei Gesteinssplitter von den herumliegenden Felsen.

Nach wenigen Minuten sind sie an dem verdeckten MG-Nest heran und machen je eine Stielhandgranate scharf. Sie schrauben den Metalldeckel am Ende des Stiels ab, greifen die Schnur mit der kleinen blauen Porzellankugel und ziehen kräftig daran. In Gedanken zählen sie bis drei und werfen den Sprengkörper nun im hohen Bogen in die Feindstellung.

Die beiden Handgranaten explodieren, kurz schreien die Feindsoldaten auf, verstummen aber gleich wieder. Vorsichtig kriechen die beiden deutschen Soldaten nun weiter vor und sind dann in der feindlichen Widerstandsstellung. Sie finden zwei feindliche Soldaten mit den typischen tellerförmigen Stahlhelmen der britischen Streitkräfte. Den Gegnern ist nicht mehr zu helfen. Das Bren-MG ist beschädigt und nicht mehr nutzbar.

Schnelles Hämmern der deutschen MG-34 zeigt an, dass die deutschen Kampfgruppen immer wieder auf den Feind stoßen und ihn zurückdrängen müssen. Hartnäckig verteidigen die Neuseeländer jede Stellung, jedes Schützenloch und jede Felsspalte.

Doch nach und nach wird das Feindfeuer schwächer.

Gegen Mittag stehen die restlichen Panzer von Leutnant Hesse auf dem Sattel. Der entpuppt sich als Pass-Einschnitt.

Leutnant Klaus Hesse meldet gerade an die Kompanie, dass das erste Ziel erreicht ist, da reißen seine Männer bereits die Luken des Panzer III auf und saugen die frische Luft mit gierigen Atemzügen in die Lungen.

Daunke wischt sich mit seinem Ärmel über das schweißtriefende Gesicht.

„Na, das hätten wir mal wieder geschafft. Das war vielleicht eine Kurverei."

Leutnant Hesse ist mit dem erreichten Ergebnis zufrieden. Der Panzer mit dem beschädigten Laufwerk kann repariert werden, die Besatzung ist soweit unverletzt, bis auf den Fahrer, der zum HVP gebracht werden muss.

Der zweite Panzer mit der gerissenen Kette wird bald wieder Anschluss finden.

Auch mit seiner eigenen Besatzung ist Hesse hochzufrieden, vor allem mit seinem Fahrer, dem Gefreiten Ronald Daunke.

Als die Besatzungen außerhalb der Panzer stehen und die ersten Zigaretten rauchen, nimmt Hesse Daunke beiseite, klopft ihm freundschaftlich auf die Schulter und meint anerkennend: „Das hast du prima gemacht, Daunke."

Der Gefreite grinst über sein ganzes staubverschmiertes Gesicht, erwidert aber nichts.

Stattdessen blickt er weiter zum vor ihnen liegenden Gelände und erkennt einen besseren Weg für Pferdekarren. Ansonsten nur Berge und Hügel. Dabei ahnt er Schlimmes, denn sie können ja nicht am momentanen Ort verbleiben.

Tatsächlich haben es die Panzer, von Schützen begleitet und teilweise durch Pioniere unterstützt, geschafft.

Es gab jedoch einige Ausfälle durch zerrissene Gleisketten oder beschädigte Laufwerke. Die scharfkantigen Felsen und Gesteinsbrocken, die heimtückischen Minen und das dichte Gestrüpp forderten ihren Tribut, aber letztendlich konnten sie die durch Neuseeländer stark verteidigte Kastellhöhe nehmen.

Nachdem die Kradschützen und die Schützen des II./304 aus der Flanke kommend, die Panzer mit Infanterieunterstützung frontal vorstoßend und dann auch noch ein Pionierstoßtrupp vom Meer anlandend den Steilhang des Platamon bestiegen hatten, musste sich der tapfere und sich hartnäckig verteidigende Gegner zurückziehen. Diesem Angriff von drei Seiten waren die Neuseeländer nicht gewachsen.

Bereits am frühen Vormittag konnten Nahaufklärer und vorgeschobene Beobachter Bewegungen des Feindes ausmachen, die in Richtung Süden in sein rückwärtiges Gebiet wiesen.

Dann am Mittag waren soweit alle Feldbefestigungen, Hangstellungen und Bergbefestigungen genommen. Die neuseeländischen Kräfte zogen sich geordnet nach Süden zurück, die Kastellhöhe war in deutscher Hand.

Die Commonwealth-Truppen hatten zwei Tage standgehalten und insgesamt vier Angriffe deutscher Panzer und Infanterie abgewiesen.

Durch sehr geschickte Gefechtsführung gab es bei den Neuseeländern nur verhältnismäßig geringe Verluste an Toten, Verwundeten und Vermissten.

Die deutschen Kampfgruppen mussten ihren Erfolg hingegen teuer und blutig erkaufen. Sie mussten circa ein Viertel der eingesetzten Kräfte als Verluste melden. Auch die materiellen Verluste waren beträchtlich.

Bis zum Mittag des Tages mussten die Neuseeländer sämtliche ihrer Riegelstellungen bei Pandeleimon und Platamon zur Gänze aufgeben.

Beinahe zwei Tage benötigte die 2. Panzerdivision, um diese eisern verteidigte Riegelstellung zu überwinden, um endlich auf dem Pass-Einschnitt neben der eroberten Kastellhöhe zu stehen und den Vormarsch weiter fortzuführen.

Der Führer der Kampfgruppe gibt indes keine Ruhe und verlangt, dass dem weichenden Gegner unverzüglich nachgestoßen wird, bevor dieser sich wieder festsetzen kann.

Der Gedanke dahinter ist zwar richtig, aber mit den zur Verfügung stehenden Kräften sieht es bescheiden aus. Die Kradschützen haben starke Verluste erlitten und müssen sich nach dem letzten Angriff erst wieder sammeln und neu gliedern. Die Schützen des zweiten Bataillons des Schützenregiments 304 sind durch den nächtlichen Umgehungsmarsch und den zu bewältigenden erheblichen Höhenunterschieden stark erschöpft und benötigen eine ausgiebige Pause.

Auch für die Panzerkampfwagen ist ein sofortiges Nachstoßen nicht möglich, da sie einerseits starke

Ausfälle durch technische Schäden zu verzeichnen haben und andererseits die östlichen Abhänge der Kastellhöhe nicht herunterfahren können, da die steilen Gefälle dies unmöglich zulassen.

Ein darunter durchführender Tunnel wurde von den Griechen selbst oder von den Neuseeländern gründlich gesprengt. Deutsche Pioniere sind zwar bereits dabei, den Tunnel frei zu räumen, doch es wird dennoch einige Zeit in Anspruch nehmen. Die Arbeiten tief im Inneren des 500 Meter langen Tunnels sind lebensgefährlich. Immer wieder brechen riesige Geröllstücke aus der Decke.

Kaum haben die Pioniere nach stundenlanger Schwerstarbeit einige Stellen durchgängig frei geräumt, da klettern bereits die ersten Schützen durch die entstandenen Durchbrüche. Allerdings können ihre Fahrzeuge erst später nachgeführt werden.

Im Gegensatz zu den letzten Tagen macht den deutschen Truppen nun nicht der Gegner den schnellen Vormarsch zunichte, sondern das schwierige, unwegsame Gelände.

Der weitere Vorstoß wird für die Fahrer zu einer bisher unbekannten Schinderei. Hat auch Daunke bisher schon genug über die Hügel, Kuppen und Berge geflucht, so erlebt er nun sein blaues Wunder.

Nun haben die fahrerischen Schwierigkeiten nämlich erst richtig begonnen.

Zu allem Überfluss beginnt sich das Wetter nun auch noch sehr rasch zu verschlechtern. War es bisher zwar in den Nächten kühl, aber am Tage warm und sonnig, so schlägt es nun um.

Der am Horizont stehende Olymp ist in dichten Wolken gehüllt. Wind kommt auf und es prasselt heftiger

Regen auf die vorrückenden Deutschen herab und geht in einen unablässigen Dauerregen über.

Dennoch ist es für Leutnant Hesse unglaublich zu sehen, wie sich die Panzer der Abteilung zuerst zum Pass hinaufschieben und sich dann durch den felsigen Einschnitt im Gebirge quetschen. Zwischen den schweren Panzern schlängeln sich Kräder und andere motorisierte Fahrzeuge. Immer wieder müssen die Fahrzeuge allen Arten von riesigen Steinbrocken, Felsen und Schutthaufen ausweichen.

Die Fahrer müssen wahrhaftiges Fingerspitzengefühl beweisen. Oftmals ist zwischen den Fahrzeugen und dem seitlich herausragenden Gesteinsmaterial nur eine Fingerbreite Platz.

Langsam und vorsichtig rollen die Kampfpanzer, Krafträder und Lastkraftwagen in langen Reihen den durch den Regen glitschig und rutschig gewordenen Gebirgsweg entlang.

Plötzlich donnert wieder eine Detonation auf. Ihr Klang echot die Reihen der Kampffahrzeuge entlang. Die Landser sind sofort wieder hellwach und kampfbereit.

Auch Hesse und seine Männer sind sofort wieder auf Gefechtsposten. Kräder werden abgestellt und die Fahrer suchen hinter ihren Fahrzeugen Schutz. Die Beifahrer halten die MG-34 in Anschlag. Doch niemand der Männer kann etwas erkennen.

„Meldung von der Kompanie", meint nun Berger. „Der vorderste Panzer ist auf eine Mine gefahren und ist mit zerrissenem Laufwerk liegengeblieben. Das komplette Seitenvorgelege ist herausgerissen worden. Der Fahrer wurde hinausgeschleudert und ist schwer verletzt."

Betretenes Schweigen macht sich im Inneren des Panzers breit.

Hesse findet als erster wieder Worte.

„Ich steige aus und gebe es an die Kameraden weiter – muss mir eh mal die Beine vertreten."

Seibt nickt seinem Kommandanten nur stumm zu und sieht, wie Hesse aus der Kommandantenkuppel ins Freie klettert. Er weiß, dass der jüngere Bruder von Hesse als Funker in genau diesem Panzer sitzt.

Erst gegen Mittag dieses Tages erreichen die ersten Panzer der Abteilung das neue Marschziel jenseits der Kastellhöhe.

Ihnen folgen die Schützen des II./304 nach.

Das Gelände hat sich als ungeheuer tückisch erwiesen.

Leutnant Klaus Hesse steht mit seinen Männern außerhalb ihres Panzers. Hesse hatte gerade seine Schachtel Eckstein herumgereicht. Tief ziehen die Männer den Rauch ein, der die angespannten Nerven der Panzermänner beruhigt.

„Stellt euch mal vor, in diesem verdammten Gelände hätten wir es auch noch mit den Tommies zu tun bekommen. Will ich mir gar nicht ausmalen", meint Daunke und bläst den Rauch in kleinen grau-blauen Wölkchen aus.

Es regnet zwar noch immer, doch das stört die Landser recht wenig.

Die übrigen drei Besatzungsmitglieder stimmen ihrem Fahrer zu.

Nur Hesse schweigt. Sein Blick sagt dem Obergefreiten Seibt, dass der Kommandant mit den Gedanken ganz woanders verweilt.

So unauffällig wie es geht, zieht er den Leutnant am rechten Ärmel der Panzeruniform und gibt ihm zu verstehen, sich von den Männern kurz zu entfernen.

Die beiden Männer gehen in Richtung des nächsten Panzers ihres Zuges.

„Dass es noch keine Nachricht gibt, muss nichts Schlechtes bedeuten, Klaus."

Die beiden Männer kennen sich bereits vom Frankreichfeldzug und haben nach diesem die übrigen drei Männer der Besatzung gewissermaßen aufgelesen.

Wenn die beiden unter sich sind, pflegen sie daher das kameradschaftliche und vertraute Du.

„Du hast doch den Panzer selbst gesehen, Thorsten. Den Fahrer hat es schwer erwischt. Da kann ich mir nicht vorstellen, dass es Kurt nicht auch irgendwie erwischt hat", erwidert Hesse und stößt mit der Stiefelspitze einen Stein davon.

Die Männer bleiben in einer Entfernung stehen, in der weder die eigenen Besatzungsmitglieder noch die Besatzung des nachfolgenden Panzers sie hören können.

Seibt haut dem Offizier freundschaftlich seine beiden großen Pranken auf die Schulter, so dass es aus der Uniform nur so stiebt.

„Ach, lass den Kopf nicht hängen, wenn dein kleiner Bruder auch nur halb so zäh ist wie du, dann bekommt man den nicht kaputt", lacht er trocken auf. Die beiden Männer haben nicht gesehen, dass Berger hektisch in den Panzer hineingeklettert ist und nun wieder hinausgekrochen kommt.

Schnellen Schrittes nähert sich der Funker nun den beiden Männern.

Diese blicken sich nun fragend zum Gefreiten um.

„Herr Leutnant, ich will die traute Zweisamkeit ja nicht stören, aber der Chef persönlich hat einen Spruch durchgegeben und meinte, ich soll Ihnen sofort durchgeben, dass der Funker bis auf leichte Kratzer wohlauf ist."

Sofort hellt sich das verdreckte Gesicht von Leutnant Hesse sichtbar auf.

Berger sieht den Offizier mit dem verschwitzten und staubigen Gesicht an, als ob er auf eine Erklärung wartet.

Als diese nicht kommt, fügt er hinzu: „Der Chef meinte, Sie wissen schon, was damit gemeint ist."

„Ja, das weiß ich", erwidert Hesse kurz, läuft an Berger vorbei und lacht erleichtert auf.

Seibt folgt seinem Kommandanten.

Als er auf der Höhe von Berger ist, bleibt er kurz stehen, klatscht mit seiner rechten Hand auf die linke Schulter des Funkers und meint grinsend: „Ist alles in Butter. Mach dir keinen Kopp."

Wenn die Landser in den Panzern, den Lastkraftwagen und auf den Krafträdern geglaubt haben, dass sie nach dem unmöglichen Weg um die Kastellhöhe herum das Schlimmste überstanden hätten, so sehen sie nun, dass sie sich gewaltig geirrt haben.

Kaum sind sie auf der anderen dem Meer zugewandten Seite angekommen, sehen sie, dass dort von einem Weg überhaupt nicht zu reden ist – es ist einfach keiner vorhanden.

Das einzige, was hier vorhanden ist, ist eine eingleisige Eisenbahnlinie direkt zum Meer hinunter.

Diese Bahnstrecke bietet der deutschen Kampfgruppe keinerlei Ausweichmöglichkeiten. Auf der einen Seite steigen steile Berghänge und Felswände hoch und auf der anderen Seite liegt das Meer zum Greifen nahe. Die Bahnstrecke ist nur durch einen einige Meter abfallenden Strand davon getrennt.

Da diese Bahnstrecke die einzige Möglichkeit zum Weitermarsch bietet, muss sie wohl oder übel als Vormarschstrecke herhalten.

Also fahren Panzer, Lastkraftwagen mit angehängten Geschützen, Krafträder und Kübelwagen über die Bahnstrecke. Den Landsern auf den Fahrzeugen bietet sich ein einmaliges Panorama. Doch kaum einer hat die Zeit, es sich genauer zu betrachten. Jeder einzelne beobachtet entweder die vor ihnen liegende Bahnlinie oder späht in die Luft, um nach Feindflugzeugen Ausschau zu halten.

Wieder einmal sind es die Fahrer, von denen manchmal wahre Kunststücke erwartet werden.

Sie manövrieren die ihnen anvertrauten Fahrzeuge zwischen den Schienensträngen und holpern mit ächzenden Federn und polternden Rädern im ersten und höchstens im zweiten Gang über die Gleisschwellen und den auffüllenden Schotter.

Zu allem Übel regnet es die ganze Zeit. Immer wieder müssen die Landser absitzen, um Regenwasserdurchlässe unter den Bahnschienen mit Erde, Schotter und Geröll aufzufüllen, damit die schweren Panzerkampfwagen und Lastkraftwagen diese gefahrlos überwinden können.

Nach unendlich erscheinenden Strecken verändert sich das Gelände, wird aber keineswegs besser.

Die Berge treten langsam zurück und machen einer Feld- und Wiesenlandschaft Platz, doch durch den ständigen Regen ist dieses Gelände grundlos geworden.

Fahrzeuge, die dennoch versuchen, über dieses Gelände vorwärts zu kommen, sinken auch schon bald teilweise bis über die Kotflügel ein und stecken hoffnungslos fest.

Also bleibt der Kampfgruppe, allen voran den Panzern, nichts anderes übrig, als weiterhin die Bahnstrecke zu nutzen. Das nächste Ziel ist die Tempi-Schlucht.

Es wird Nachmittag, ehe die ersten Panzer und Kradschützen den Eingang zur Schlucht erreicht haben und auf das Heranrücken der übrigen Kampfgruppe warten.

Leutnant Hesse nutzt die Gelegenheit, um sich die Landschaft genauer anzuschauen und mit seiner Karte des Operationsgebietes zu vergleichen. In ihrem Rücken zurückbleibend liegt das Meer, rechts von ihnen das majestätische Olymp-Massiv, links nun die aufragenden Hänge und Flanken des Ossa-Gebirges. Unter touristischen Gesichtspunkten – malerisch.

Doch sind die Landser keineswegs als Touristen gekommen. Leutnant Hesse will es nicht aus dem Kopf gehen, dass sie sich vor einer riesigen Falle befinden.

Er streicht sich durch sein hellbraunes Haar, das nass und verschmutzt an seiner Stirn herabhängt.

Kurz nachdem die gesamte Kampfgruppe eingetroffen ist, wird der Leutnant zur Besprechung gerufen.

„Meine Herren, wir stehen vor der Tempi-Schlucht. Von dem kleinen Dorf Tempi an ihrem westlichen Ausgang, an dem sie sich in die thessalische Ebene öffnet, trennt sie – tief und oftmals beinahe senkrecht eingeschnitten – auf etwa acht Kilometer Länge das Olymp-Massiv vom Ossa-Gebirge. Danach weitet sie sich im Osten mit sumpfigem Schwemmland trichterförmig zur Ägäis hin aus. Die Tempi-Schlucht ist eng und vielfach gewunden. Durch sie fließt der 80 bis 100 Meter breite und sehr strömungsstarke Pinios, der sich dann deltaförmig in das Meer ergießt."

Leutnant Hesse und die anderen Zugführer hören ihrem Kompaniechef aufmerksam zu. Dieser unterstreicht seine topografischen Ausführungen mit einer entsprechenden Karte.

„Am Eingang weist die Schlucht noch bewaldete Vorberge und Hänge auf. Der Baumbewuchs verliert sich jedoch mehr und mehr nach oben. Schließlich sind es dann nur noch kahle Felshänge links und rechts, die bis zu 100 Meter hoch aufsteigen. Die Schlucht wird aber auch durch Querschluchten und seitlich aus den Wänden in den Pinios einmündende Bergbäche durchschnitten. Die schmale Talsohle ist mit dichtem, hohem Baumbewuchs bestanden. Die Schlucht selbst ist so schmal, dass sie abschnittsweise beinahe ganz vom Pinios ausgefüllt wird. Auf dem nördlichen Ufer verläuft die Bahnlinie weiter. Teilweise ist sie förmlich in den Fels hineingesprengt und verläuft durch mehrere Tunnel. Am Südufer bietet sich etwas mehr Platz. Dort windet sich im stetigen Auf und Ab ein einfacher Weg. Nach einer Brücke befindet sich eine kleine Bahnstation mit dem Namen Rapsani. Die Bahnlinie selbst führt über eine Eisenbahnbrücke bei Itia. Kurz gesagt, die Schlucht an sich ist ein wahres Naturwunder – wenn man sie als friedlicher Tourist besichtigen kann. Jetzt aber, meine Herren, haben wir nun einmal Krieg. Daher ist diese Schlucht für uns weniger ein Naturwunder als vielmehr ein mächtiges Naturhindernis. Noch größer und noch mächtiger als die Enge bei Platamon, die wir erfolgreich hinter uns gelassen haben."

Der Kompaniechef holt tief Luft, schaut alle seine Zugführer eindringlich an und meint bedächtig: „Und das, meine Herrschaften, ist nur Mutter Natur. Erschwerend dazu kommt noch der Feind. Nach Informationen des Bataillons haben sich die Neuseeländer in eben diese Schlucht zurückgezogen. Dennoch lautet unser Auftrag, durch die Tempi-Schlucht zu stoßen und auf Larissa vorzufühlen."

Die Kradschützen des stellvertretenden Zugführers Feldwebel Michael Schubert haben von ihrem Zugführer, dem Leutnant Maximilian Lorenz den Auftrag bekommen, den Eingang der Tempi-Schlucht zu erkunden.

Wieder murren die Soldaten, denn dieser Auftrag ist so gar nicht nach ihren Geschmack. Es riecht verdächtig nach starrem Angriff, aber nicht nach schnellen und flexiblen Manövern in motorisierter Kampfweise.

Abgesessen von ihren Krafträdern fühlen sie nun vorsichtig vor. Befehl ist nun mal Befehl. Flussaufwärts auf der rechten Seite am Felsen angelehnt, verläuft die Bahnlinie, links am anderen Ufer der kleine Weg.

Eine Brücke, die über den Fluss führt, ist gesprengt. Nur eine kleine Fähre liegt halb versunken im Wasser.

Die Kradschützen machen die Fähre halbwegs klar und beginnen überzusetzen.

Mehr als 20 Schützen auf einmal trägt die klapprige Fähre nicht und damit hat sie auch schon genug zu tun. Die Geräusche, die dieses altersschwache Vehikel von sich gibt, erwecken auch nicht wirklich das Vertrauen der Männer.

Kaum sind die Kradschützen auf dem anderen Ufer angekommen, sichern sie nach allen Seiten und beobachten das Gelände.

Noch fällt kein Schuss.

Eine weitere Kradschützen-Einheit stößt in langen Reihen links und rechts neben der Bahnlinie vor.

Der erste Tunnel wird nun von Schuberts Männern durchschritten.

Schon kurz darauf ist der dunkle Eingang eines weiteren Tunnels zu sehen. Doch Feldwebel Schubert erkennt noch mehr – eine große Sprengstelle.

Ein metertiefer Sprengtrichter ist zu erblicken. Dort ist der ganze Bahndamm abgerutscht.

Als auch die letzte Gruppe aus dem ersten Tunnel heraustritt, geht es unvermittelt los. Von allen Seiten hämmert gut gezieltes Feuer auf die überraschten Kradschützen ein.

„Stellung! Stellung!", schreit Schubert mit befehlsgewohnter Stimme durch den Gefechtslärm.

Sofort nach der feindlichen Feuereröffnung spritzen seine Kradschützen auseinander.

Sie nehmen hinter Felsen und Erdverwerfungen Deckung.

Die MG-Schützen der Einheit bringen ihre MG-34 in Stellung.

Trotz der schnellen Reaktion des Feldwebels treten die ersten Verluste auf und das Stöhnen der sterbenden und verwundeten Soldaten ist durch das Hämmern der MGs und dem Peitschen der Gewehre zu hören.

„Lemke, Hertel, arbeitet euch an die rechte Flanke vor und versucht den Feind zu umgehen."

Die beiden Landser schnappen sich noch zwei ihrer Kameraden und versuchen den Befehl auszuführen.

Doch weit kommen sie nicht. Schon nach kurzen Augenblicken liegen sie unter deckendem Feuer eines Bren-MG fest. Die Geschosse graben sich mit kleinen Staubfähnchen vor ihnen in den staubigen Boden oder fetzen hinter ihnen die karge Vegetation hinweg.

„Lemke, kriecht zu Schubert zurück und meldet ihm, dass hier kein Durchkommen ist. Wir liegen hier im direkten Wirkungsbereich der Feind-MGs! Ich ziehe das Feuer auf mich. Wenn ich zu feuern beginne, dann macht euch los. Ich folge dann."

Hertel macht eine Nebelgranate fertig und wirft sie im hohen Bogen in das Vorgelände. Der Nebelkörper zerplatzt mit einem dumpfen Knall. Hertel hockt sich hin und feuert aus seiner MP 40.

Lemke stößt sich mit der Stiefelsohle von einem mittelgroßen Stein ab und spritzt so schnell er kann davon. Die beiden anderen jungen Kameraden, die hier ihren ersten scharfen Einsatz erleben, folgen dem Gefreiten nach.

Schnell sind sie wieder bei Feldwebel Schubert und melden ihm das Geschehene.

Schubert überlegt kurz und schickt einen der jungen Soldaten als Melder zurück zum Zugführer, damit dieser sich schnellstmöglich nach vorne begibt.

Auch an anderen Stellen liegen die Kradschützen festgenagelt im Gelände. Die Ausfälle steigen.

Helfende Hände ziehen verwundete Kameraden in Deckung und leisten Erste Hilfe.

Auch die Kradschützen am Südufer sind nun auf dem Feind gestoßen.

Die Neuseeländer sitzen in hervorragend getarnten Stellungen an den schroffen Steilhängen und hinter Felsen.

Es rattert und prasselt aus hunderten Rohren auf die Kradschützen ein. Sie können kaum die Köpfe heben. Die Geschosse der Neuseeländer schlagen oftmals in die Felswände ein und erzeugen dadurch einen verheerenden Splitterhagel.

Laut hallend brechen die Echos der Abschüsse und Detonationen an den Felswänden und werfen sie verwirrend und grollend zurück.

Trotz der massiven Abwehr nehmen die Aufklärer nun den Feuerkampf offensiv auf. Erkannte Feindstellungen werden unter Maschinengewehrfeuer genommen und die Landser versuchen sich sprungweise vorzuarbeiten.

Zwischen den Abschussgeräuschen der feindlichen Bren-MGs und Lee-Enfield Gewehren mischt sich nun mehr und mehr das schnelle Hämmern der deutschen MG-34 und das scharfe Knallen der Karabiner K-98k. Auch das Knallen von Stiel- und Eierhandgranaten ist nun immer öfters zu hören.

Doch kaum sind sie einige Meter vorangekommen, werden sie immer wieder durch feindliche Gegenangriffe zurückgedrängt.

Die Neuseeländer in den Stellungen hatten mittlerweile australische Einheiten als Verstärkung erhalten, die ebenso hart und unbarmherzig kämpfen wie ihre neuseeländischen Kameraden.

Aber auch die Kradschützen bekommen Verstärkung.

Nach und nach werden immer mehr deutsche Einheiten nachgezogen.

Letztendlich kommen sogar die ersten leichten Panzerkampfwagen II nach vorne, doch auch ihnen ist es nicht möglich, den Feind zurückzudrängen und wirksam in den Kampf einzugreifen.

Der Kampf in der Tempi-Schlucht wogt den ganzen Tag hin und her.

Erst gegen Vormittag des Folgetages kommt die verstärkte 2. Kompanie des Panzerregiments 3 mit ihren ersten Panzern bei einer kleinen Kapelle am Schluchteingang an.

Den Panzerbesatzungen schlägt auf- und abschwellender Gefechtslärm entgegen.

In der Schlucht kämpfen sich noch immer die Landser der Kradschützen-Einheit meterweise vorwärts.

Der Panzer von Leutnant Klaus Hesse als Kommandant, dem Obergefreiten Thorsten Seibt als Richtschützen, dem Gefreiten Hermann Schönborn als Ladeschützen, dem Gefreiten Fritz Berger als Funker und dem Gefreiten Ronald Daunke als Fahrer fährt ganz vorne an der stählernen Phalanx.

Hesse hat sich in der geöffneten Kommandantenkuppel abgestützt und schaut sich aufmerksam um. Er blickt sorgenvoll auf die steinernen Felswände und den rauschenden Fluss. Es ist ein einmaliges und unvergessliches Bild, das nur durch den näherkommenden Gefechtslärm getrübt wird. Auch seine Untergebenen blicken durch Luken und Sehschlitze, um die einzigartige Landschaft aufsaugen zu können. Doch leider bekommen sie nicht so viel mit wie ihr Kommandant.

„Ich will nur mal wissen, wo dieser Wanderweg wohl noch hinführt", brummt Berger auf dem Sitz seiner Funkerposition.

„Hör bloß auf. Über diesen Weg würde ich nicht mal als Wanderer spazieren wollen und ich muss unseren Dicken hier rüber kutschen", meint Daunke und wischt sich wieder einmal die Schweißperlen von der

Stirn, ohne auch nur einige Sekunden den Blick schweifen zu lassen.

Dann ruft er nach oben zum Kommandanten: „Herr Leutnant, wie geht's denn vorne eigentlich weiter?"

Hesse blickt sich nochmals um. Die Schlucht wird auf ihrer Seite zunehmend enger. Weiter vorne verläuft auf ihrer Seite bald nur noch die Bahnlinie. Der Weg endet abrupt an der gesprengten Brücke. Er führt danach nur noch auf der linken, südlichen Seite des Flusses weiter.

„Wenn mit dem Weg Schluss ist, dann wieder rauf auf die Bahngleise. Was anderes bleibt uns wohl oder übel ja nicht übrig", gibt der Leutnant zu seinem Fahrer zurück, der durch seinen schmalen Sehschlitz ja nur ein sehr eingeschränktes Sichtfeld hat.

Also fahren sie noch wenige Minuten auf dem Weg und müssen danach auf die Gleise ausweichen.

Auf dem Schienenstrang dahinrumpelnd, betrachtet Hesse weiterhin aufmerksam das Gelände. Rechts von ihnen die emporsteigenden Felswände, links die steil abfallende Böschung der Bahnanlage. Nur ein schmaler Uferstreifen trennt sie dann noch vom reißenden Fluss. Dies alles wirkt auf den jungen Panzeroffizier alles andere als vertrauenerweckend.

Es geht so noch ein ganzes Stück weiter, dann ist jedoch endgültig Schluss.

Leutnant Hesse, noch immer mit dem Oberkörper aus dem Kommandantenturm ragend, betrachtet nun den vor sich schwarz gähnenden Schlund eines Tunnels.

Davor hocken einige Soldaten mit Feldmützen oder Stahlhelmen. Alle haben sie Staubschutzbrillen auf oder haben sie hoch auf die Stirn gezogen. Sie sind gerade dabei verwundeten Kameraden Verbände anzulegen oder anderweitig zu versorgen. Ein wenig abwärts sieht er mehrere zeltbahnverhüllte Gestalten still und reglos liegen. Bei deren Anblick spürt Hesse wieder einen dicken Kloß im Hals.

„Das müssen die Kameraden der Kradschützen-Einheit sein", meldet er nach unten in das Innere des Panzerkampfwagens.

Da sieht der Panzeroffizier auch schon jemanden mit winkenden Armen auf den Panzer zukommen. Hesse lässt Daunke den langsam im ersten Gang dahinrollenden Panzerkampfwagen abbremsen. Der Soldat tritt an den Panzer heran.

„Hier ist Schluss, Herr Leutnant", meint Feldwebel Schubert zu Hesse und zeigt auf den Tunneleingang. „Der nächste Tunnel ist gesprengt und teilweise verschüttet."

Hesse schaut den Feldwebel in seiner staubigen Uniform und dem dicken Kopfverband an, als dieser nach einer kurzen Pause noch hinzufügt: „Da vorne gibt es mächtig Rabatz. Die Neuseeländer und Australier verbeißen sich in jeden Meter dieser verdammten Landschaft und krallen sich an jeden Felsen."

Hesse dankt Feldwebel Schubert für die Meldung. Er klettert aus dem Turm und hangelt sich über die seitliche Kettenabdeckung. Auch die übrigen Besatzungsmitglieder steigen nun aus dem Panzer III und dehnen die von der langen Fahrt steif gewordenen Glieder.

Hesse blickt in die ratlosen Gesichter seiner Männer. Bisher sind sie in diesem Feldzug mit ihm durch Dick und Dünn gerumpelt. Dem Offizier wird klar, dass sie hier in dieser Schlucht wohl erstmal festsitzen würden. Denn wie es nun weitergehen soll, das weiß auch er im Moment nicht. Die einzige Möglichkeit bestand darin, über die Bahngleise weiter zu fahren, doch durch den zerstörten Tunnel war ja angeblich kein Durchkommen.

Dann wäre da ja auch noch der Feind, der mit seinem massiven Feuer den schmalen Schienenstrang sperren würde. Auf das Südufer ausweichen können sie ebenfalls nicht, denn zwischen ihnen und dem besagten Südufer braust der Pinios mit beachtenswerter Geschwindigkeit.

So sehr Hesse seinen Kopf auch anstrengt, er sieht hier keine Lösung. Zerknirscht gibt er daher seinem Zug den Befehl zu Halt und Rast.

„Berger, melde unverzüglich zur Kompanie: Tunnelsprengung an Bahnlinie verhindert Weiterfahrt. Weiteres Vorankommen nicht möglich. Bitte um weiterführende Befehle."

Der Funker klettert wieder in den Panzer und gibt die Meldung durch.

Hesse hockt sich mit seiner übrigen Besatzung an den Bahndamm und wartet die weiteren Befehle seiner Vorgesetzten ab.

„Soll doch der Chef oder weiter hinten der Kommandeur entscheiden, wie es nun weitergehen soll", denkt sich Hesse und isst ein paar der ihm angebotenen Kekse aus der Verpflegungskiste.

Die Panzermänner können nicht einmal in den vor ihnen tobenden Kampf eingreifen. Die gewundene Schlucht mit ihren Felskanten, Bergvorsprüngen und mit Bäumen bestandenen Biegungen bietet kein oder ein nur unzureichendes Blick- und Schussfeld für die schweren Panzer.

Unvermittelt fällt der Blick Leutnant Hesses auf ein grob aus zwei Ästen zusammengezimmertes Holzkreuz. Es steht etwas unterhalb der Bahnböschung nahe am Ufer des Pinios.

„Ein einfaches, schlichtes Soldatengrab. Auf wen von uns wird es wohl auch warten?", denkt sich Hesse bei diesem Anblick.

Auf das Kreuz ist der Stahlhelm mit der typischen Staubbrille der Kradschützen gestülpt.

Hesse begibt sich zum Kreuz und betrachtet es genauer. Auch ein kleines Schild ist angebracht. Der Offizier liest die Beschriftung.

„Obergefreiter Peter Hertel, keine 20 Jahre ist er geworden", geht es Hesse durch den Kopf.

Ohne dass der Panzeroffizier es mitbekommen hat, ist der verwundete Kradschützen-Feldwebel, der nach dem Tod ihres Zugführers in diesem Gefecht nun die Einheit führt, neben ihn getreten.

„Einer meiner Besten", meint Feldwebel Schubert leise.

„Noch so jung", antwortet Hesse belegt, obwohl er gerade einmal vier Jahre älter ist.

„Ja, und trotzdem pflichtbewusst und kameradschaftlich wie kaum ein anderer. Hat sein Leben gegeben, um drei anderen Kameraden den Rückzug zu ermöglichen."

Nach circa einer Stunde nähert sich von hinten über die Bahngleise eine Gruppe von Offizieren in Begleitung einiger abgesessener Schützen.

Leutnant Klaus Hesse erkennt an der Spitze der Offiziersgruppe den Kampfgruppenkommandeur.

„Los Leute, hoch mit den müden Knochen und Haltung annehmen. Wir bekommen hohen Besuch. Der Oberst nähert sich", meint Hesse zu seinen Männern und deutet mit einem Kopfnicken in die entsprechende Richtung.

Stöhnend erhebt sich Daunke und meint trocken: „Der wird uns hier auch nicht rausholen können, hat uns ja auch erst hier reingeschickt."

„Klappe jetzt!", zischt Hesse den Fahrer an, um kurz darauf Meldung zu machen.

„Na, wie sieht es aus? Was ist denn los? Warum geht es denn nicht weiter?", fragt der Oberst.

Leutnant Hesse kann Oberst Balck nicht viel mehr berichten, als er vorhin bereits hat zurückmelden lassen.

Der Tunnel ist noch immer gesprengt und damit jede Fahrerei auf der Bahnstrecke zu Ende.

Und andere Möglichkeiten haben sich auch bis jetzt nicht ergeben.

Aber immerhin kann der Oberst sich nun selbst ein Bild von der Lage machen.

Dieser steht nun da, denkt offensichtlich nach, schaut hin und her.

„Im Feindfeuer einen verschütteten Tunneleingang frei räumen, geht natürlich nicht – kostet zu viele Opfer. Die kleine Fähre am Fluss trägt keine 20 Tonnen Panzer. Die würde schon beim ersten Panzer absaufen – kommt also auch nicht in Frage. Eine neue Brücke über den Pinios zu schlagen, dauert zu lange, ganz davon abgesehen, dass wir keine Pioniere hier haben. Die Panzer müssen aber so schnell wie möglich weiter und in den Kampf eingreifen – hier können sie schließlich nicht stehenbleiben", fasst der Kampfgruppenkommandeur die Lage zusammen.

Wieder betrachtet Balck die Umgebung, überlegt wieder und dann scheinen sich seine Gedanken plötzlich auf eine bestimmte Richtung zu konzentrieren.

Hesse schwant Übles, aber als er die Worte des Obersts hört, glaubt er wirklich sich verhört zu haben.

„Können Sie schwimmen?", fragt der hohe Offizier den Leutnant.

Mit Sicherheit macht Leutnant Hesse in diesem Augenblick einen sehr dummen Gesichtsausdruck. Zu deplatziert wirkt diese Frage in diesem Moment.

Ein leichtes Lächeln huscht über das Gesicht des Kommandeurs.

Der Adjutant, der etwas hinter Oberst Balck steht, muss genau in diesem Augenblick grienen. Die rundherum stehenden Männer müssen lachen.

Ein toller Scherz, den der Oberst da gemacht hat.

Die Frage war ja auch zu komisch angesichts der Lage, in der sie hier stecken – gesprengte Brücke, sich hart verteidigender Feind und das alles in einer engen Schlucht.

Noch ehe der Leutnant eine passende Antwort geben kann, meint der Kampfgruppenkommandeur weiter: „Also richtig schwimmen, nicht nur mit den Armen rudern und herumpaddeln!"

Hesse presst sich ein unterdrücktes „Jawoll" heraus und überlegt fieberhaft, auf was der Kommandeur hinaus will.

„Vielleicht ist dem Alten das fremdartige und gewöhnungsbedürftige griechische Klima nicht bekommen und ihm zu Kopf gestiegen", schießt es Hesse durch den Kopf.

Doch noch bevor der Leutnant seine Gedanken zu Ende spinnen kann, meint der hohe Offizier weiter: „Dann klettern Sie runter zum Fluss und stürzen Sie sich in die Fluten des Pinios – passen Sie aber auf, dass Sie nicht weggerissen werden. Versuchen Sie eine Stelle zu finden, an der unsere Panzer den Fluss passieren können."

Die Offiziere des Gefechtsstabes, die umstehenden Panzermänner, Schützen und Kradschützen sehen sich entgeistert an und nun sind sie es, die dumme Gesichter machen.

„Das kann der Alte doch nicht im Ernst meinen. Das kann nicht wahr sein. Die Panzer in dieser engen Schlucht durch den reißenden Strom zu fahren und das unter Umständen vielleicht sogar unter Feindfeuer – der reinste Irrsinn!", durchfährt es Hesse in Sekundenschnelle.

Das Gesicht des Obersts, das gerade noch so freundlich aussah, wird plötzlich hart.

„Nun stehen Sie hier nicht so rum und starren Löcher in die Luft. Ich erwarte, dass Sie so etwas wie eine Furt finden!"

Augenblicklich begreift Hesse, dass der Kommandeur es ernst meint. Sein ungläubiges Gesicht verschwindet sofort.

Also macht er, wie befohlen. Schnell zieht er seine schwarze Panzerhose, die schwarze Uniformjacke und das Hemd aus und natürlich auch die Stiefel.

Er bindet sich eine Leine um, die von Seibt und Schönborn gehalten wird, und steigt in das kalte, reißende Wasser. Es ist ein Gefühl, als ob Nadeln in die Waden und Oberschenkel fahren. Sein Herz scheint bis zum Hals zu schlagen, sein Atem wird stoßartig und flach.

Dann ist der erste Schreck überwunden.

Nach einer Weile kehrt er zitternd und durchgefroren zurück und meldet, dass er tatsächlich so etwas Ähnliches wie eine Übergangsstelle gefunden hat.

„Vor dem ersten Tunnel, außerhalb jeder Feindeinsicht!"

Oberst Balck sieht den jungen Leutnant an.

„Na, dann los – versuchen Sie mit Ihrem Panzer durchzukommen!"

Hesse, der bisher immer von sich behauptet hatte, dass ihn so leicht nichts aus der Fassung bringen kann, sieht seinem Kommandeur an. Die Idee des Obersts ist für ihn noch immer so überraschend, dass er zu keiner Erwiderung fähig ist und nur ergeben nickt.

Er geht zu seinen Männern zurück und beim Ankleiden teilt er den Männern den Befehl des Kampfgruppenführers mit.

Auch seine Besatzungsmitglieder sind wie vom Donner gerührt.

Sie hatten noch nie eine Wasserdurchquerung geübt, sind nicht dafür ausgerüstet und besitzen daher keinerlei Erfahrungen in diesen Dingen.

Aber was soll er machen? Befehl ist nun mal Befehl – wieder einmal.

Er schaut seine Besatzung an. Aus ihren Gesichtern liest er eine tiefe Entschlossenheit – nun, da es darauf ankam.

Dadurch ist nun auch er wieder die Ruhe selbst.

„Wir fahren nur zu dritt. Ich natürlich, dann Daunke und Seibt. Schönborn und Berger, ihr bleibt hier und kommt dann mit dem nächsten rüber, wenn es bei uns geklappt hat."

„Aber Herr Leutnant, wir…"

Weiter kommt Berger nicht, denn Hesse lässt hier keine Diskussion zu.

Die drei Panzermänner entern auf ihren Panzerkampfwagen auf.

Der Panzer III fährt an und biegt schließlich zur linken Seite hin ab.

Der Kampfpanzer rollt den hohen Bahndamm hinunter und droht zur Seite zu kippen. Er schwankt über das steile Flussufer und fährt dann mit einem lauten Platschen in das Wasser.

Mit höchster Anspannung beobachten alle umherstehenden Landser das wohl einmalige Manöver. Der Obergefreite Seibt steht vorn auf dem Bug des über 20 Tonnen schweren Panzerkampfwagens. Hesse steht in der offenen Kommandantenkuppel. Beide halten angespannt Ausschau nach etwaigen Hindernissen und geben die Richtung für den Fahrer an.

Immer tiefer geht es im ersten Gang in den Fluss hinein. Daunke hat anfangs noch seine Fahrerluke offen gehabt, um besser sehen zu können. Nun spritzt ihm das Flusswasser entgegen. Als ein ganzer Schwall kommt, muss er wohl oder übel die Luke schließen.

„Rechts anziehen – rechts!", brüllt Leutnant Hesse zum Fahrer hinunter. „Verdammt noch mal, zieh rechts an!", dirigiert er Daunke angespannt durch den Fluss.

„Gib Gas! Wir treiben sonst zu weit ab!", erklingt es kurz danach.

Nachdem nun das gesamte Laufwerk des Kampfpanzers im Wasser untergetaucht ist, rauscht nun das kalte, klare Wasser über den Bug des Panzers III. Dadurch muss Seibt nun vom Bug weg hinauf zu Hesse auf den Turm klettern.

Daunke muss den 300 PS starken Maybach HL 120 TRM-Motor auf immer höheren Touren laufen lassen. Der Panzer arbeitet schwer gegen die Strömung.

„Schräge Fahrt aufwärts gegen den Strom laufen lassen!", schreit Leutnant Klaus Hesse nun in den Panzerinnenraum hinab.

Seibt gleich darauf: „Vorsicht – langsam nach links ausweichen – da kommen Felsbrocken!"

Der Richtschütze, nun auf dem Turmdach sitzend, hat gerade noch rechtzeitig die vom Wasser umschäumten Steine erkannt.

Wie ein Walross oder ein schwerfälliger See-Elefant wühlt sich der Kampfpanzer mühsam durch den Pinios. Dabei schiebt er eine mächtige Bugwelle vor sich her.

Immer wieder wird der 21.800 Kilogramm schwere Panzer durch die schnelle Strömung aus der Richtung gedrängt und Daunke muss mühsam gegensteuern.

Dabei wird er immer wieder durch das Flusswasser, das durch die geschlossene Luke und die Seeschlitze dringt, durchnässt. Schon bald hat er keinen trockenen Faden mehr am Leib. Doch nicht nur das Flusswasser ist auf seinem Gesicht zu sehen. Trotz der feuchten Kälte, steht ihm vor Konzentration und Anstrengung der Schweiß auf der Stirn.

Besorgt sieht er, wie das Wasser im Inneren höher und höher steigt.

„Wir saufen gleich jämmerlich ab! Wir sollten besser umkehren!", ruft er zum Leutnant hinauf.

„Ach, warte ab, noch hab ich keine nassen Füße", gibt Hesse mit einem Anflug von Galgenhumor zurück, denn es ist ihm alles andere als wohl zumute.

Daunke auf seinem Fahrersitz erwidert daraufhin nichts mehr, schüttelt nur mit dem Kopf und denkt sich seinen Teil.

Er sitzt verbissen da, horcht weiterhin nach oben und lenkt ganz automatisch mit den Steuerhebeln nach den Zurufen seiner beiden Kameraden. Sehen kann er nämlich nichts mehr durch seine Optik aus Panzerglas. Dort flimmert nur das grünlich-braune Wasser, das durch den aufgewirbelten Schlamm am

Flussgrund nun nicht mehr ganz so klar ist wie am Anfang.

Nach einer Zeit, die den drei Panzersoldaten wie eine halbe Ewigkeit vorkommt, haben sie es tatsächlich geschafft.

Der Pinios wird wieder seichter, der Panzer III taucht aus den Fluten auf und klettert das Südufer empor.

Der erste deutsche Panzerkampfwagen hat nun den Pinios durchquert. Der riskante Versuch ist geglückt, der Fluss kann an dieser Stelle tatsächlich durchfurtet werden.

Hesse lässt den Panzer am Ufer abstellen und die drei Panzersoldaten springen aus ihrem Fahrzeug heraus. Sie klopfen sich gegenseitig auf die Schultern, während vom anderen Ufer lauter Jubel herüberschallt.

Der Gefreite Ronald Daunke ist durch und durch nass. Er dreht sich um und schaut auf die Flussstrecke, die sie gerade überwunden haben.

Unterdrückt knurrt er: „Wenn ich so eine Tour noch mal machen muss, dann melde ich mich freiwillig zur Kriegsmarine.“

Die beiden anderen können sich ein Lachen nun nicht verkneifen.

Hesse schaut seinen Fahrer freudestrahlend an.

„Mensch Ronald, das hast du prima gemacht. Alle Achtung!“

Seibt kratzt sich bedächtig am Kinn.

„Nun, rüber sind wir ja nun, aber wie sollen wir denn wieder zurückkommen?“

Leutnant Hesse steht die Freude über die gelungene Aktion noch immer im nassen Gesicht geschrieben.

„Was denn? Wieso wieder zurück? Wir warten jetzt, bis die Kameraden hier sind und dann geht es endlich wieder vorwärts!"

Daunke ist noch immer damit beschäftigt, die vergangenen haarsträubenden Minuten Revue passieren zu lassen und meint unterdrückt und mit den Kopf schüttelnd: „Meine Herren, wenn wir das später mal jemandem erzählen, das glaubt uns doch kein Mensch."

Mittlerweile hat am anderen Ufer des Pinios Balck den anderen Panzerkampfwagen den Befehl erteilt den Fluss ebenfalls zu durchfurten.

Aber was bedeutet schon eine Furt? Das Wasser ist an dieser Stelle beinahe genauso tief und reißend wie an jeder anderen Stelle auch.

Dennoch wird die Übergangsstelle nun Furt genannt.

Nun rollen und rutschen die Panzer nacheinander die Bahnböschung herunter und fahren langsam und vorsichtig in den Fluss hinein. Mit dem ersten der fünf heranrollenden Panzer passieren nun auch Berger und Schönborn den Fluss.

Doch bei den folgenden Kampfwagen klappt es nicht so reibungslos wie bei Leutnant Hesse.

Nur zwei der Fahrer finden die richtige Stelle und bekommen ihre tonnenschweren Fahrzeuge an das andere Ufer.

Ein weiterer bleibt in der Nähe des Südufers im Schlick stecken und muss später irgendwie geborgen werden.

Bei zweien der Panzer III dringt allerdings Wasser in die Motoren. Sie sind nicht mehr zu retten. Die Besatzung muss ausbooten und kommt sicher an das Ufer.

Die beiden Panzer werden abgetrieben und versinken Stück für Stück in den kalten Fluten.

Bis zum Abend haben erst vier Panzer den Pinios überquert.

Einige Schützengruppen haben das Risiko auf sich genommen und sich auf die Türme der Panzer gehockt und sind so ebenfalls über den Fluss gekommen. Auch der Kampfgruppenkommandeur stellt sich auf einen der Panzer und passiert so den Fluss.

Kaum setzt er seine Füße auf das Ufer, da treibt er die Landser schon wieder an. Er fasst die wenigen Panzerkampfwagen und die Schützen zu einer Gruppe zusammen und fühlt mit diesen Kräften vor. Dort finden sie Anschluss an eine Gruppe Kradschützen, die sich seit den frühen Morgenstunden bis hierher voran gearbeitet hatte.

Die Kampfgruppe kommt gut voran, doch plötzlich ist es wieder aus.

Bei einer Seitenschlucht, aus der sich ein Bergbach in den Pinios ergießt, haben die Commonwealth-Truppen wieder gesprengt. Ein ganzes Wegstück ist dadurch weggerutscht und liegt nun im Fluss.

Der Oberst will sich dadurch jedoch nicht aufhalten lassen und befiehlt zwei Panzerfahrzeugen die Sprengstelle zu umfahren. Bei diesem Versuch fahren sich die beiden Panzer III fest.

Die weiter vorfühlende Schützengruppe erleidet durch feindliches MG-Feuer Verluste.

Der Feind nimmt sie aus gut getarnten Stellungen hinter der Sprengstelle unter Beschuss. Die Schützen müssen sich schließlich zurückziehen.

Wieder müssen Pläne geschmiedet und umgesetzt werden, doch dieses Bestreben wird durch die rasch hereinbrechende Abenddämmerung unterbrochen.

An diesem Tag lässt sich beim besten Willen nichts mehr ausrichten. Das muss schließlich auch der Oberst einsehen, aber immerhin stehen die ersten Panzer auf dem Südufer.

Befehle werden gegeben und Wachposten eingeteilt.

Der Kommandeur begibt sich wieder zur Furtstelle und befiehlt dort: „Alle Truppenteile verbleiben, wo sie gerade stehen!"

Melder hasten mit den entsprechenden Befehlen davon.

Zu seinem Gefechtsstab meint er jedoch: „Für heute ist Schluss, meine Herren – aber morgen geht es in alter Frische weiter!"

Dem Adjutanten befiehlt er eindringlich: „Sie passen mir auf, dass vorerst nicht zu viele Truppen, Panzer und andere Fahrzeuge in die Schlucht kommen. Wenn der Feind hier verstärkt mit Artillerie reinhaut, dann wird es für unsere Männer übel."

Der Offizier nimmt seine Schirmmütze ab, wischt sich mit dem Ärmel seiner ebenfalls nicht mehr sauberen Uniform die Stirn ab und fügt hinzu: „Was ich jedoch dringend brauche, ist eine Verbindung nach hinten. Wo ist überhaupt mein Funkwagen abgeblieben?"

Der Adjutant streicht sich mit seiner rechten Hand über das stopplige Gesicht.

„Der Funkwagen hängt noch irgendwo hinten ab, Herr Oberst. Der ist bisher noch nicht durchgekommen."

„Dann hilft es nichts – wenn der Funk nicht zu mir kommt, dann komm ich halt zum Funk!"

Während sich Leutnant Hesse und die anderen Männer der neu geschaffenen Kampfgruppe für die Nacht bereit machen und ein karges Abendessen aus Kommissbrot, Tubenkäse und Fleischkonserven zu sich nehmen, stapft der Oberst zusammen mit ein paar Schützen kilometerweit zurück. Der Weg führt ihn hinaus aus der Tempi-Schlucht, vorbei an sich anstauenden Kolonnen, haltenden Fahrzeugen, erschöpft rastenden Soldaten, bis er sein Funkfahrzeug gefunden hat.

Dort angekommen, gibt er die momentane eigene Lage durch. Außerdem wird er als Führer der linken Panzerkampfgruppe seiner Division über die Gesamtsituation in Kenntnis gesetzt. Auch über den Stand der rechten Panzerkampfgruppe am Menekses-Pass und der 6. Gebirgsdivision, die sich am und im Olymp-Massiv voran arbeitet.

Darüber hinaus bekommt er schließlich neue Befehle von der Division.

In der Zeit, in der sich Leutnant Hesse und seine Panzer abquälen und versuchen durch das unwegsame Gelände weiter voranzukommen, war es bei der vorderen Kradschützen-Abteilung und anderen Aufklärungseinheiten hoch hergegangen.

Der Gegner hatte dem Eindringen der Deutschen in die Schlucht nicht tatenlos zugesehen und hartnäckigen Widerstand geleistet. Diesen hatten bisher vor allem die Schwadronen der Aufklärungsabteilung 112 und die kleine Kradschützen-Abteilung zu spüren bekommen.

Nun in der Nacht beginnt der Feind auch seine Artillerie massiver gegen die Angriffsspitzen der deutschen Verbände einzusetzen. Bislang war von der Feindartillerie nur gelegentliches Störfeuer am Schluchteingang zu vernehmen.

Die Landser, die sich zwischen Bäumen, Büschen oder neben ihren Panzern nach diesem schweren Tag zum Schlafen gelegt haben, schrecken plötzlich hoch.

Das Sausen, Zischen und Wummern der heranziehenden Granaten verheißt nichts Gutes.

Dann donnern die Einschläge in die Schlucht. Feuerschein von unzähligen Explosionen ist in der nachtschwarzen Schlucht zu sehen, die Echos der detonierenden Granaten brechen sich an den Felswänden und der Flusswindung.

Die Panzermänner, Kradschützen, Schützen und auch einige Gebirgssoldaten, die in dieser Nacht bereits vorn liegen, springen in die nächste sich bietende Deckung oder dorthin, wo sie eine solche vermuten.

Immer zielsicherer hämmern die feindlichen Granaten auf die deutschen Landser nieder und zerbersten mit ohrenbetäubendem Krachen.

Die Einschläge reißen die Felsen auf und überschütten die Männer mit einem Hagel von Geschoß- und Steinsplittern. Zerfetzte Bäume brechen auf die Landser nieder und abgeschlagene Steinbrocken stürzen herab.

Immer wieder werden deutsche Soldaten durch Felsen oder Bäumen erschlagen oder von Granat- und Steinsplittern zersiebt. Markerschütternde Rufe nach den Sanitätern sind im Granathagel kaum zu hören. Für so manchen der Verwundeten kommt jede Hilfe zu spät.

Die unglücklichen Landser haben keine Mittel zur Gegenwehr.

Die britischen Artilleriebatterien stehen hinter dem Ossa-Gebirge und überschießen dessen Hänge mit Steilfeuer. Für die deutschen Artilleriegeschütze sind sie dadurch weder zu erkennen noch zu bekämpfen.

Den Landsern in der Schlucht bleibt nichts anderes übrig, als auszuhalten und den Kopf möglichst tief in der Deckung zu lassen.

Die ganze Nacht über hält der schwere Feuerüberfall der britischen Artillerie an.

Zu beiden Seiten des Pinios auf dem Nord- und auf dem Südufer gibt es mehr und mehr Tote und Verwundete.

Der Morgen graut kaum. Die langsam aufgehende Sonne verheißt nach dem vergangenen Regen einen schönen Tag.

In der Tempi-Schlucht herrscht bereits rege Betriebsamkeit. Alles ist bereits auf den Beinen.

Heute ist der Tag, an dem endlich der Durchbruch durch die Enge erzwungen werden soll. Die britische Artillerie schweigt nun, nachdem sie die ganze vergangene Nacht hindurch einen massiven Feuerteppich auf die deutschen Kampfverbände gelegt hatte.

Doch die feindlichen Stellungen, MG-Nester, Schützenlöcher und auch einige australische Scharfschützen sind noch da.

Bereits um 5 Uhr in der Früh traten die Kradschützen von Feldwebel Schubert, der nach seiner Verwundung wieder bei seinen Männern war, unterstützt von einer Schwadron der Aufklärungsabteilung 112 zum Angriff an.

Doch die Einheiten kommen nur langsam voran. Immer noch wehrt sich der Feind verbissen und verteidigt hartnäckig jeden Meter des steinigen Bodens.

Jede noch so kleine Stellung muss ihm im blutigen Kampf entrissen werden.

Während vorn bereits hart gekämpft wird, der Gefechtslärm durch die enge Schlucht hallt und die Gefechtstätigkeit mehr und mehr zunimmt, herrscht im Hinterland Hochbetrieb.

Eine Kompanie der II./304 geht in kleinen Floßsäcken über den Pinios und wird sofort zur Sicherung eingesetzt. Unter deren Deckung wird nun das gestern begonnene Übersetzmanöver fortgesetzt. Auch soll nun der Sprengtrichter beseitigt werden, der den bereits übergesetzten Kampfpanzern am vorherigen Tag den weiteren Vorstoß verwehrt hatte.

An der Furtstelle bietet sich den Landsern ein unfassbares Bild. Die neu ankommenden Panzerkampfwagen fahren nacheinander durch den Pinios. Es ist das gleiche beeindruckende Ereignis wie am vergangenen Tag. Die schweren Panzer tauchen oftmals bis zu den Gefechtstürmen in das schäumende Wasser und kämpfen sich langsam durch die Strömung an das jenseitige Ufer. Nun nehmen die Stahlkolosse auch die mehr und mehr eintreffenden Schützengruppen mit, die sich auf der Wanne und dem Turm zusammendrängen müssen. So kommen sie aber wenigstens schnell zur anderen Flussseite hinüber. Dennoch ist es eine langsame und zeitraubende Aktion. Im Schnitt benötigt ein Kampfpanzer eine halbe Stunde zur Flussüberquerung.

Doch auch die vorsichtigste und gewissenhafteste Fahrweise ist keine Garantie für das Gelingen der Überfahrt. Davon zeugen bereits mehrere Panzer III, die bereits mehr oder minder versunken sind und nicht mehr geborgen werden können. Die Besatzungen konnten sich aber alle schwimmend retten und so gab es bisher nur materielle, aber keine personellen Verluste.

Einige Panzer, die sich bereits am diesseitigen Ufer im morastigen Boden festgefahren haben, werden von mehreren schweren Zugmaschinen Sd.Kfz 9, die man bereits nachgezogen hatte, wieder frei gezogen. Die Besatzungen der schweren 270 PS starken Zugmaschinen versuchen unentwegt den Panzerbesatzungen zu helfen.

Auch die kleine Fähre am Eingang der Schlucht ist unentwegt in Betrieb und setzt deutsche Soldaten und leichteres Gerät über.

Der Oberst, als Führer der Kampfgruppe, ist auch schon wieder vor Ort. Er beobachtet das Übersetzen an der Furt und der kleinen Fährstelle, sieht aber auch die sich auf der Bahnlinie anstauenden Panzer und unterschiedlichsten Fahrzeuge. Sie drängen immer mehr nach vorn und hinten kommen laufend weitere hinzu.

Mit gerunzelter Stirn meint der Kommandeur missmutig zu seinem Adjutanten: „So kann das nicht bleiben. Wenn das in dem Tempo so weiter geht, sind wir noch tagelang hier beschäftigt. Es müssen unbedingt Pioniere hier her!"

Der Adjutant zuckt nur mit den Schultern und erwidert: „Pioniere sind noch keine ran. Die haben noch alle Hände voll mit der Anfahrtstrecke zu tun und müssen die erstmal halbwegs befahrbar machen. Das sind ja noch etliche Stellen – im Tunnel bei Platamon, am Südhang der Kastellhöhe, in der Sumpfgegend des Pinios-Deltas."

„Na und? Was soll das jetzt heißen? Dass wir hier versauern sollen? Dann muss es halt auch ohne Pioniere gehen!", meint der Oberst kurz entschlossen.

Nun wird kurzerhand alles was greifbar ist zu Pionieren gemacht – Panzerbesatzungen, Schützen, Kradschützen, Fahrer, Nachrichtensoldaten, selbst Männer vom Gefechtsstab – ganz egal, ob Offiziere,

Unteroffiziere oder Mannschaften – jeder muss mit anpacken und mithelfen. Der Oberst hat ein wachsames Auge auf alles und jeden.

Jedoch hat keiner der Soldaten schweres Pioniergerät. Das einzige, was vorhanden ist, sind Schaufeln, Hacken und Feldspaten.

Also bleibt nichts anderes übrig, als Steine mit den Händen zu tragen, Felsblöcke mit Körperkraft und Fahrzeugen herumzuwuchten und sie zum Flussufer zu rollen oder zu ziehen. Die Männer fischen Treibholz aus dem Wasser und flechten Äste und Zweige zu Faschinen. Sie hacken und graben.

Jeder, der vom Hinterland nach vorne kommt, muss alsbald sein Fahrzeug verlassen und das Lenkrad und die Waffe mit einem Spaten oder einer Hacke tauschen.

Jeder der Landser greift zu und packt an, so gut er kann.

Alle natürlichen Hindernisse werden mit schnell erdachten Behelfsmitteln überwunden und gemeistert. Die steilen Böschungen an den Flussufern werden abgeflacht, die Anfahrten befestigt, die Auffahrt auf der anderen Uferseite wird mit herumliegenden Natursteinen unterstützt.

Nach wiederholten Angriffen gelingt es den deutschen Schützen die Neuseeländer und Australier so weit zurückzudrängen, dass auch die Sprengstelle am Südufer nicht mehr unter Feindfeuer liegt.

Nun wird auch dieser Sprengtrichter aufgefüllt, der Weg wird verbreitert und für schwere Fahrzeuge befahrbar gemacht.

Unmengen von Erde, Sand, Geröll und Bäumen werden bewegt und transportiert.

Etliche Commonwealth-Soldaten werden gefangenge-
nommen und nach hinten gebracht.

Als die Gefangenenkolonnen an den emsig arbeiten-
den deutschen Soldaten vorbeimarschieren, bleiben
sie kurz stehen und schauen sich das Treiben
verblüfft an.

Nach Stunden der harten Arbeit treffen nun auch die
ersten Pioniere ein und bauen einen Floßsacksteg, auf
dem die Schützengruppen und Kräder der Kradschützen nachziehen können. Selbst leichte Kübelwagen
können nun übersetzen. Auch dringend benötigter
Sprit, Munition und Verpflegung gelangen nun
schnell und einfach zu den kämpfenden Truppen.

Ungeduldig geht Oberst Balck auf und ab. Er gibt
Befehle und Anordnungen. Er feuert an und lobt.

Es gibt für die deutschen Soldaten nun keine Ruhe
und keine Pausen mehr. Unermüdlich wird geschuftet
und so kann nach und nach die ganze gepanzerte
Kampfgruppe über den Pinios gelangen.

Im Laufe des Tages beginnen nun auch die ankommenden Brückenkolonnen der Panzerdivision den
Bau einer Kriegsbrücke. Nach schwieriger Fahrt über
den Engpass bei Pandeleimon, den Eisenbahndamm
und durch eine große Sumpfwiese sind sie endlich an-
gelangt.

Am Vormittag war der Weg auf dem Südufer endlich soweit befahrbar, dass die vordersten Panzer und
Schützen zugweise gesammelt und den schwer rin-
genden Aufklärungseinheiten einer Gebirgsdivision
und den eigenen Kradschützen zur Verstärkung nachgeschickt werden konnten.

In den Stunden als im rückwärtigen Gebiet rastlos an
Brücken, Übergängen und Wegen gearbeitet wurde,

ging der Kampf der Kradschützen-Einheit des Feldwebels Schubert und der motorisierten Schützen weiter.

In der langen, gewundenen Schlucht grollt, rumort und donnert es ohne Unterlass. Jeder Schuss, jede MG-Garbe, jede Granate wirkt durch das Echo, die verursachten Splitter und abgehenden Steinschläge doppelt und dreifach.

Durch den dichten Bodenbewuchs im Talgrund sowie den natürlichen Stein- und Schutthaufen der Felshänge sind die feindlichen Stellungen hervorragend getarnt und sehr schwer aufzuklären.

Der Gegner sitzt in seinen Stellungen beiderseits des Pinios und kann die angreifenden deutschen Einheiten so unter flankierendes, sich kreuzendes Feuer nehmen.

Sprungweise arbeiten sich die Kradschützen und motorisierten Schützen vor.

Von Deckung zu Deckung hetzen sie, immer vom Feuer der Kameraden unterstützt.

Die mitgeschleppte Ausrüstung und die Waffen zerren schwer am Koppel und den Uniformen. Der Schweiß trieft ihnen vom Körper, denn nach dem Regen der letzten Tage brennt nun die Sonne unbarmherzig vom wolkenlosen Himmel. Die wenigen Panzerkampfwagen, die bereits an der vordersten Front stehen, rasseln langsam auf dem südlichen Uferweg voran und beschießen die erkannten Feindstellungen mit ihren Bordkanonen, den koaxialen Maschinengewehren und den Bug-MGs.

Überall hämmern die britischen Maschinengewehre und ihre deutschen Gegenstücke. Ein Verteidigungsnest nach dem anderen muss im zähen Nahkampf genommen werden. Die Hänge können nur unter schweren Verlusten an Toten und Verwundeten feindfrei gemacht werden. Neuseeländer und Australier wehren sich geschickt und ausdauernd. Selbst die Verwundeten wehren sich teilweise bis zum Tod.

Etwa drei Kilometer nordöstlich des kleinen Ortes Tempi verriegeln die Briten in einer starken Stellung erneut die Schlucht.

Gegen Mittag tritt die gesamte Aufklärungsabteilung 112, verstärkt durch den Kradschützen-Zug des Feldwebels Schubert zum Angriff gegen Tempi an. Die Einheiten stehen nun seit über 24 Stunden im Kampf.

Im feindlichen Abwehrfeuer gewinnt der Angriff jedoch nur schrittweise an Boden und bleibt etwa zwei Kilometer vor dem Dorf liegen.

Leutnant Klaus Hesse hat die stählernen Klappen seiner Kommandantenkuppel nach links und rechts geöffnet. Nun schiebt er sich bis zur Brust aus dem kleinen, runden Turm heraus. So kann er genauer beobachten.

„Volltreffer!", ruft er zum Richtschützen, dem Obergefreiten Thorsten Seibt und dem Ladeschützen, dem Gefreiten Hermann Schönborn hinunter, die beide die 5-cm-KWK 38 L/42 bedienen.

Das dachte er jedenfalls. Er hat den blitzenden Einschlag neben einigen Felsbrocken genau beobachten können und so natürlich diesen Eindruck gewonnen. Die Felsbrocken werden nun vom träge aufsteigenden Explosionsqualm verdeckt.

Gerade als er sich nach einem neuen Ziel umsehen will, fängt das britische Maschinengewehr schon wieder an zu feuern.

Im Feuerkampf, im unterschiedlichsten Gefechtslärm, der überall in der Schlucht widerhallt, und während den aufblitzenden Mündungsfeuern kann der Leutnant nicht sofort feststellen, woher nun die MG-Garben kommen.

„Verflucht! Die haben wohl Stellungswechsel gemacht, noch bevor wir sie treffen konnten", brummt Hesse ins Kehlkopfmikrofon.

Er gibt Daunke den Befehl, etwa 30 Meter vor und danach links seitwärts in Stellung zu fahren. Danach funkt er dem hinter ihnen stehenden Panzer zu, dass dieser sie um 50 Meter weit überholen soll.

Nun zieht Leutnant Hesse im überschlagenden und sich gegenseitig deckenden Einsatz die restlichen Panzer seines Zuges auf den schmalen Weg vor. Gleichzeitig können sie den vorangehenden Schützen Feuerunterstützung geben.

Es ist noch keine Viertelstunde vergangen, da sind links und rechts des Weges zwischen Bäumen und Büschen feldgraue Gestalten zu erkennen, die im heftigen Feuerkampf mit einem unsichtbaren Gegner stehen.

Der Panzer hat die vordersten eigenen Truppen inzwischen erreicht.

Von einer Baumgruppe in der Nähe kommt ein Soldat angelaufen, hastet heran und wirft sich neben Hesses Panzerkampfwagen in Deckung.

Der Leutnant, der noch immer im offenen Turm steht, beugt sich zu dem Soldaten hinunter.

Der Unteroffizier liegt neben dem Panzer in Deckung, richtet sich nun halb auf und deutet voraus.

„Es ist nicht mehr weit bis zum Schluchtausgang, Herr Leutnant. Hinter der nächsten Biegung liegt schon das Dorf Tempi. Aber der Tommy nagelt uns hier noch fest. Wir kommen keinen Schritt mehr weiter voran. Könnt ihr mit euren Stahlkästen nicht durch die feindlichen Stellungen brechen und uns so Luft verschaffen?"

„Ja, können wir", nickt Hesse zustimmend. „Wir werden zusehen, dass wir euch auch noch das letzte Stück vorwärtshel…"

Er kommt nicht mehr dazu, den begonnenen Satz zu beenden. Vielmehr muss er blitzartig in den Turm abtauchen und schnellstens die beiden Lukenhälften zuschlagen. Dicht über seinen Kopf singen nun mehrere Maschinengewehrgarben hinweg.

„Um ein Haar hätte es mich jetzt aber erwischt", durchfährt es Hesse.

Nun prasseln ununterbrochen MG-Garben gegen die Panzerung des Kampfwagens. Wieder einmal hört es sich im Inneren des Panzerkampfwagens an, als ob jemand ununterbrochen harte Erbsen gegen eine Blechschüssel wirft. Die Garben verursachen zwar keinen Schaden, entnerven aber die ohnehin schon angespannte Besatzung.

Hesse gibt Daunke den Befehl, den Panzer III wieder anrollen zu lassen. Der Maybach-Motor brüllt wieder auf und mit einem Ruck setzt sich der beinahe 22 Tonnen schwere Panzerkampfwagen in Bewegung.

In 300 Metern Entfernung kommt eine Biegung in Sicht. Noch 200, noch 100 Meter.

Kurz danach wieder ein Wegeknick.

Nun treten vor ihnen allmählich die Berge und Felsen zurück und im Talgrund kommen von Platanen, Hecken und Buschwerk umstandene Häuser mit hellen Mauern und flachen Dächern in Sicht.

„Das dort vor uns muss Tempi sein!", ruft Hesse durch das Kehlkopfmikrofon. „Daunke, halt an, wir beobachten erstmal. Das sieht mir dort vorn alles zu ruhig aus."

Leutnant Hesse und seine Männer beobachten lange nach allen Seiten. Auch die übrigen Panzerbesatzungen seines Zuges können keine Entdeckungen machen, die auf Feindpräsenz im Dorf hinweisen würde.

Nach einigen Minuten meint der Kommandant daher: „Also gut, langsam anrollen lassen, Sprenggranate laden und sichern. Seibt, wenn du was erkennst, dann Feuer frei! Hinein in das Nest und durch! Dann sind wir die ersten, die aus dieser verfluchten Schlucht hinaus kommen!"

Aus Leutnant Klaus Hesses Stimme kann man Stolz und Zufriedenheit heraushören.

„Und was ist, wenn die Tommies dort irgendwo noch Pak aufgestellt haben? Ich habe da irgendwie ein ganz komisches Gefühl", gibt Berger vom Funkersitz aus zu bedenken.

Hesse, der etwas erhöht zwischen den Plätzen von Seibt und Schönborn sitzt, winkt ab und schaut dabei hinunter in Richtung Berger, ohne ihn jedoch zu sehen.

„Ach, woher sollen die Tommies denn jetzt auf einmal Pak her haben. Die hatten sie ja die ganze Zeit hier nirgends. Gib lieber zum Chef durch: *II. Zug greift Tempi an.* Und zum Zug: *Wir übernehmen Spitze, 222 folgt in 10 Metern Abstand, 322 übernimmt Feuerschutz.*"

Dann rollen sie los. Das Kettengeklirr ist deutlich zu vernehmen, der 300 PS-Maybach-Motor läuft ruhig und gleichmäßig.

Immer näher kommen sie an das Dorf heran, immer größer wachsen die hellen Häuser des kleinen idyllischen Dorfes vor ihnen auf.

Kein Gegner ist zu sehen, auch sind keine anderen Bewegungen von etwaigen Bewohnern zu sehen, die sie hätten argwöhnisch werden lassen. Jedoch geht hinter ihrem Rücken der Kampf weiter.

„Sind wir tatsächlich bereits durch die Stellungen der Briten durchgebrochen?", fragt sich Hesse gedanklich.

Noch 50 Meter bis zum Dorfrand.

Plötzlich bricht ein wilder Feuerüberfall aus hervorragend getarnten Stellungen über sie herein. Es lagen tatsächlich britische Panzerabwehrgeschütze in gut getarnten Schweigestellungen am Dorfeingang und feuern nun aus kürzester Entfernung auf die heranrollenden deutschen Panzerkampfwagen.

„Verdammt noch mal! Schießt! Schießt endlich!", schreit Hesse mit überschlagender Stimme in Richtung Seibt und Schönborn.

Augenblicke später donnert die 5-cm-Kampfwagenkanone auf.

Pulverdampf quillt in den Kampfraum, Schönborn greift die nächste Sprenggranate und hämmert sie in den Verschluss der Waffe.

Die erste Sprenggranate von Seibt geht über das Ziel hinaus.

Hesse sieht, wie das vor ihnen stehende Panzerabwehrgeschütz wieder feuert. Das Mündungsfeuer steht riesengroß in seinem Sehschlitz im Turm. Keine Sekunde später hört er trotz des Gefechtslärms eine laute Detonation.

Wieder hämmert die Bordkanone und neue Rauchschwaden dringen in das Innere des Panzer III.

Auch das Bug-MG hämmert ununterbrochen.

Der Kommandant sieht, wie die vor ihnen stehende Pak von der Sprenggranate zerrissen wird. Durch den aufsteigenden Staub und den Explosionsqualm sieht Hesse Metallteile und Körperteile der Bedienung herumfliegen.

„222 ist getroffen – Kommandant und Richtschütze sind tot – müssen ausbooten", ruft Berger durch das Chaos seinem Kommandanten zu.

Links neben ihnen sieht Hesse plötzlich ein weiteres Mündungsfeuer aufblitzen. Kurz vor ihnen hämmert die Granate in den steinigen Boden. Splitter und Gesteinsbrocken klatschen gegen die Panzerung.

„Zieh links rüber, Daunke, und dann Vollgas! Walz sie nieder!", brüllt der Leutnant.

Der tonnenschwere Panzerkampfwagen macht förmlich einen Sprung nach vorn, als der Fahrer das Gaspedal durchdrückt. Der HL 120 TRM 12-Zylinder-Benzinmotor brüllt auf.

Aber es ist schon zu spät. Ein ohrenbetäubender Lärm erklingt – ein markerschütternder Schrei dringt an das Ohr von Leutnant Klaus Hesse. Der Panzer III macht eine ruckartige Bewegung nach rechts. Die Panzermänner müssen sich festhalten, um nicht den Halt zu verlieren.

Wieder hämmert ein harter Schlag gegen den Panzer, gleißende Helligkeit steht plötzlich im Inneren des Panzerkampfwagens. Hesse spürt einen heißen, glühenden Schmerz am linken Unterschenkel. Das Panzerinnere füllt sich mit beißendem Rauch.

„Raus! Ausbooten!", ruft Hesse hustend und schlägt die zweiteilige Luke der Kommandantenkuppel auf.

Er stützt sich mit den Armen auf den Rand der Kuppel und wuchtet sich so hoch. Bei jeder Bewegung durchzuckt ihn ein wahnsinniger Schmerz am Bein hinauf zum Unterleib.

Mehrere MG-Garben zischen über den Panzer hinweg.

Hesse wuchtet sich gerade mit schmerzverzerrtem Gesicht endgültig aus dem Panzer, da wird er urplötzlich nach hinten gerissen. Er verliert den Halt und fällt rücklings vom Fahrzeug. Als er auf dem Boden aufschlägt, kann er seinen rechten Arm nicht mehr bewegen und eine große Blutlache bildet sich auf seiner Uniform. Mit letzter Kraft schleppt er sich vom brennenden Panzer weg und bleibt dann auf dem staubigen Boden liegen.

Der Gefreite Schönborn versucht aus der linken Seitenluke am Turm auszubooten. Er ist bereits mit dem Oberkörper heraus, da wird er von einer MG-Garbe erwischt. Die Garbe trifft ihn in den Kopf, Hals und in die Brust. Er ist tot und bleibt mit dem Oberkörper außerhalb des Turms hängen.

Der Richtschütze Thorsten Seibt wird durch die Splitter der zweiten eingeschlagenen Granate getötet. Diese durchdringt die 30 Millimeter starke Seitenpanzerung und explodiert im Inneren. Seine Beine und der Unterleib werden regelrecht zersiebt. Die Bauchschlagader und Oberschenkelarterie werden an mehreren Stellen zerrissen.

Ronald Daunke, der Fahrer wird bereits durch die erste Granate getötet, die die insgesamt 60 Millimeter starke Bugpanzerung und seinen Brustkorb glatt durchschlägt, aber glücklicherweise nicht explodiert.

Der Gefreite Fritz Berger kommt als einziger einigermaßen unverletzt aus dem Kampfpanzer, der langsam zu brennen beginnt. Als er die Luke über sich aufstößt, blickt er noch mal über seine linke Schulter und erkennt den Richtschützen blutend und zusammengesunken auf seinem Sitz. Schönborn hängt halb aus dem Turm, Hesse ist bereits raus. In Sekundenschnelle registriert er, dass er den beiden Kameraden nicht helfen kann. Er stemmt sich aus dem Panzer raus und lässt sich dann vom Panzer fallen. Ununterbrochen zirpen Maschinengewehrgarben umher. Auch das helle Aufknallen der britischen Panzerabwehrgeschütze kann er deutlich hören.

Er kriecht so schnell er kann um den Panzer herum.

Er erblickt einen großen Felsen, der sich augenscheinlich sehr gut als Deckung eignet.

Er richtet sich halb auf, stößt sich mit dem rechten Fuß an einem kleinen Stein ab und schnellt in Richtung des Felsens. MG-Garben und Gewehrschüsse peitschen ihm um die Ohren. Er ist schon beinahe angekommen, da sieht er aus dem Augenwinkel ein schwarzes Bündel im Gelände liegen. Er wirft sich hin und robbt zu dem schwarzen, unförmigen Bündel. Als er sich nähert, erkennt er, dass es sich um Leutnant Hesse handelt. Schnell greift er den ohnmächtigen Offizier unter den Achseln und zerrt ihn hinter den Felsen. Dort angekommen, untersucht er seinen Kommandanten. Er reißt die schwarze Uniformbluse auf und erkennt mindestens zwei Einschusslöcher im Schulterbereich. In seiner Uniformhose hat er allerdings nur ein Verbandspäckchen mit, das er schnell anbringt. Bei näherer Betrachtung stellt er auch noch mehrere Splitterverletzungen am linken Unterschenkel fest.

Hilfesuchend blickt er sich um und erkennt den brennenden Panzer 222.

Er sieht drei der Besatzungsmitglieder ganz in seiner Nähe.

Die 223 ist noch immer im Feuergefecht mit der britischen Abwehr.

Feuernd ziehen sich die Kameraden zurück.

Berger winkt den drei Kameraden zu. Zwei von ihnen hetzen zu Berger herüber.

Gemeinsam tragen sie den schwer verwundeten Leutnant unter Feindfeuer zum Panzer 223.

Dieser feuert ununterbrochen aus seiner Bordkanone, dem koaxialen MG und auch dem Bug-Maschinengewehr 34.

Unter diesem Feuerschutz gelingt es den Panzermännern in Sicherheit zu gelangen.

Zwei in Brand geschossene Panzerkampfwagen, fünf Gefallene und mehrere verwundete Panzersoldaten kennzeichnen das Ende des ersten Vorstoßes auf Tempi.

Am Nachmittag treten dann die Aufklärer, die Schützen und Kradschützen zum Angriff an. Der Durchbruch durch den Schluchtausgang soll nun endgültig erkämpft werden.

Die Schützen arbeiten sich sprungweise an die Widerstandsnester der Briten heran. Die Aufklärer gehen an der linken Flanke vorwärts. Der Kradschützen-Zug unter Feldwebel Michael Schubert soll die rechte Flanke in schneller Fahrt umgehen und möglichst in den Rücken der Verteidiger gelangen.

Den vorgehenden Schützen peitschen die Schüsse der Bren-MGs, der Gewehre und der Panzerabwehrgeschütze entgegen. Der Angriff geht daher nur schrittweise voran.

Die Aufklärer an der linken Flanke stoßen auf weniger Widerstand, da vor allem die Pak der Briten mit Schussrichtung nach vorne gerichtet sind. Daher konzentriert sich deren Feuer auch auf die frontal angreifenden motorisierten Schützen.

Die Kradschützen preschen in schneller Fahrt auf ihren BMW R75 an der rechten Flanke entlang. Auch sie bekommen Feuer aus dem besetzten Dorf.

Die Schützen im Beiwagen feuern während der wilden Fahrt so gut es geht auf die Gegner zurück. Es ist zwar nicht sehr zielsicher, aber die Briten werden dennoch teilweise in Deckung gezwungen. Außerdem gibt es den Soldaten das Gefühl, nicht wehrlos dem gegnerischen Feuer ausgesetzt zu sein, sondern sich wehren zu können.

Durch das dreiseitige Vorgehen müssen die Verteidiger ihr Abwehrfeuer verzetteln. Die Angreifer können sie unter flankierendes Feuer nehmen.

Dadurch kommen die deutschen Landser mehr und mehr voran. Schon sind sie in Handgranatenwurfweite heran.

Durch die Geländeverhältnisse gelingt es den Kradschützen jedoch nicht, in den Rücken der Verteidiger zu kommen. Daher steigen sie nun ab und arbeiten sich hart an der rechten Flanke an das Dorf heran.

Von drei Seiten bedrängt, weichen große Teile der Briten weiter und weiter zurück.

Doch vereinzelt müssen die Widerstandsnester im harten Nahkampf genommen werden.

Schubert macht eine weitere Stielhandgranate scharf. Er wirft sie im hohen Bogen in Richtung eines britischen MG-Nests. Der neben ihm liegende Gefreite Lemke macht es ihm gleich. Sie warten die beiden Detonationen ab und sprinten dann auf die Maschinengewehr-Stellung zu. Schubert feuert aus der Hüfte mit seiner MP 40. Durch den Rauch sieht er, wie er einen der Briten trifft und dieser zusammensackt.

Lemke springt in das Widerstandsnest. Einer der britischen MG-Schützen ist noch am Leben und wirft sich mit dem Kopf voran auf den Gefreiten. Der Commonwealth-Soldat rammt den tellerförmigen Stahlhelm in die Magengrube des Gefreiten. Der stöhnt mit schmerzverzerrtem Gesicht auf. Sein Karabiner gleitet ihm aus den Händen und fällt auf den staubig-gelben Boden. Instinktiv schlägt er mit den Fäusten auf den Rücken des Briten ein. Dennoch lässt der Feind nicht vom jungen Deutschen ab und drängt diesen gegen die Wand des MG-Nestes. Doch da ist auch schon Feldwebel Schubert in die Stellung gesprungen und hilft dem Kameraden mit einem gezielten Hieb der Schulterstütze seiner MP gegen den Nacken des Briten. Kurz aufstöhnend sackt er zusammen. Lemke rutscht nun mit dem Rücken an der Grabenwand entlang hinunter und sitzt auf seinem Hintern. Er rollt den bewusstlosen Briten von sich herunter und erblickt ein feines, jugendliches und ebenso verdrecktes Gesicht wie sein eigenes. Unter dem verrutschten Stahlhelm erkennt er hellbraune Haare, die in wirren Strähnen in das freundlich aussehende Gesicht des jungen Briten herabhängen. Wenn er es nicht besser wüsste, dann könnte der junge Mann in der fremden Uniform auch sein Bruder sein.

Der junge Gefreite muss bei diesem Gedanken schlucken. Sein Bruder, gerade einmal ein Jahr älter als er, liegt mit seiner Einheit glücklicherweise als Besatzungstruppe in Frankreich. Vorsichtig, beinahe fürsorglich legt er den jungen Soldaten, der vor wenigen Augenblicken noch versucht hatte ihn zu töten, in das MG-Nest.

Ein weiterer Feindsoldat liegt tot mit gebrochenen Augen auf dem Rücken. Jacob Lemke drückt ihm noch die Augen zu. Dunkle Blutflecken ziehen sich quer über die Brust des Toten.

„Verdammt, Lemke! Willst du hier Wurzeln schlagen?"

Die groben Worte seines Zugführers reißen den jungen Gefreiten aus seinen Gedanken.

Der Krieg geht weiter. Besser du als ich – wer zuerst schießt, lebt länger. Das sind universelle Gesetze in jedem Krieg und Lemke will leben. Das Bren-MG wird schnell unbrauchbar gemacht, er schnappt sich wieder seinen Karabiner und eilt Feldwebel Schubert hinterher.

Dieser hetzt bereits zur nächsten Deckung, einer kleinen Erderhebung, keine 50 Meter vom eben genommenen MG-Nest entfernt. Er wirft sich bäuchlings dahinter und späht über die Deckung. Danach blickt er prüfend zurück und sieht, dass sein Zug allgemein gut vorankommt. Sekunden später wirft sich auch der Gefreite Lemke, sein Fahrer neben ihn in Deckung. Weitere seiner Soldaten sind jedoch nicht in seiner unmittelbaren Nähe.

„Lemke, mach dich zur Gruppe Hauptvogel rüber. Die sollen mit ihren MGs die Front des Hauses ganz am Ende des Dorfes unter Beschuss nehmen. Aus dem kleinen Fenster neben der Tür feuert ein Feind-MG. Danach zur Gruppe Brunsch. Die sollen sich dann an das kleine Haus mit den blauen Faschen ran arbeiten und das dann nehmen. Los! Aber halt den Kopf unten! Wir sehen uns gleich an der kleinen Kirche und genehmigen uns erstmal einen kräftigen Schluck!"

Der Gefreite wartet eine kurze Feuerpause ab und sprintet dann, den Kopf zwischen seine Schultern gezogen, los. Schubert sieht ihm noch einen Augenblick nach, bis sich der junge Gefreite in eine sich bietende Deckung wirft.

Wenig später sieht Schubert rechts neben sich die Gruppe Bastian in Stellung gehen.

Er ruft den Gruppenführer zu sich, der auch wenige Sekunden später in die Deckung des Zugführers hechtet.

„Pass auf, Max, Hauptvogel und seine Gruppe werden gleich dieses verdammte MG in dem Haus dort drüben", Schubert zeigt mit dem Arm auf das letzte Haus auf ihrer Dorfseite, „unter Feuer nehmen. Brunsch arbeitet sich gleich an das weiß-blaue Haus dort drüben", der Arm des Feldwebels wandert zum benannten Haus, „heran und wird das stürmen. Wenn das geschieht, dann muss eure MG auf den Graben im Vorgarten des mittleren Hauses feuern. Der Strunk soll alles raus hämmern, was er hat. Dann stürmen auch wir vor. Alles verstanden?"

Der Obergefreite nickt und eilt zu seinen Männern zurück, um diese entsprechend einzuweisen.

Kurz müssen die Männer noch warten. An der Vorderseite und der rechten Flanke des Dorfes ist immer deutlicher der Gefechtslärm zu hören.

Nun kann Feldwebel Michael Schubert auch den steigenden Gefechtslärm seiner beiden anderen Gruppen vernehmen und sieht, wie sich die Gruppe Brunsch wie befohlen an das Haus heranarbeitet. Da beginnt nun auch das MG-34 der Gruppe Bastian zu hämmern. Unverkennbar ist der Klang der deutschen Maschinengewehre.

Nun hämmern auch MP und es erklingen verstärkt die peitschenden Abschüsse der Karabiner.

Schubert ist froh, dass hier bei ihnen anscheinend keine feindlichen Panzerabwehrgeschütze vorhanden sind.

Sprungweise jede Deckung, jede Bodenunebenheit ausnutzend, arbeiten sich die Kradschützen nun an ihre jeweiligen Ziele heran. Die feindlichen Soldaten weichen schrittweise zurück. Schon bald stehen sie an den Wänden der Häuser. Handgranaten werden in die Fenster geworfen und Holztüren werden mit schweren Stiefeln aufgetreten oder mit Hilfe der Kolben ihrer Karabiner aufgeschlagen. Wieder kommt es teilweise zu blutigen Nahkämpfen in den kleinen griechischen Häusern. Die Gegner bekämpfen sich mit Gewehrkolben, Pistolen, Feldspaten und bloßen Händen.

Auch die motorisierten Schützen und Aufklärer dringen nun in das Dorf ein. Die Gefahr wächst, dass sich die deutschen Kräfte versehentlich gegenseitig beschießen.

Unentwegt steigen nun Erkennungssignale in den Himmel, um den anderen Einheiten anzuzeigen, wo man steht.

Der Ausgang des Kampfes um Tempi ist nun jedoch entschieden. Teile der gegnerischen Kräfte können sich jedoch zurückziehen. Es werden mehrere Gefangene gemacht, Material und Verpflegung erbeutet.

Die deutschen Einheiten sammeln sich an der Dreifaltigkeitskirche im Dorf. Der Kampf um Tempi ist beendet. Feldwebel Schubert hat eine Flasche griechischen Rotweins in einem Haus gefunden. Er steht mitten unter den Männern seines Zuges, öffnet unter großem Hallo die Flasche und nimmt einen kräftigen Schluck des süßen, roten Weines. Danach dreht er sich zum Gefreiten Jacob Lemke.

„Na, Jacob, ich hab doch gesagt, wir sehen uns hier." Mit einem Grinsen fügt er hinzu: „Und hier ist der versprochene Schluck."

Er reicht dem jungen Gefreiten die Flasche, die danach die Runde durch die Männer des Kradschützen-Zuges macht.

Der Kampf um das kleine Dorf hat zwar nur etwas über eine halbe Stunde gedauert, doch waren die Kämpfe, die der Gegner den deutschen Soldaten geliefert hat, hart, blutig und verlustreich.

Am späten Nachmittag werden auch die starken Feindstellungen an der gesprengten Eisenbahnbrücke bei Itia von Teilen der Aufklärungs-Abteilung 112 überrannt.

Die Aufklärer haben sich trotz der gesprengten Tunnel langsam, aber stetig auf dem Nordufer vorangearbeitet.

Am Südufer des Pinios kommen weitere Panzer voran. Den Kampfpanzern folgen weitere Schützen und andere Truppenteile.

Nun marschieren und fahren alle Einheiten der Kampfgruppe weiter voran. Sie bewegen sich an den gefangenen und niedergeschlagen dreinblickenden Neuseeländern und Australiern vorbei. Die deutschen Truppen passieren auch Berge von weggeworfener Ausrüstung, liegengebliebenen Waffen und verlassenen Fahrzeugen.

Der letzte Widerstand in dieser Gegend ist nun endgültig gebrochen.

Die deutschen Verbände streben indes immer weiter vorwärts, nur weiter und heraus aus dieser langen, engen, unheimlichen Schlucht mit ihrem schäumenden Fluss namens Pinios.

Am frühen Abend hat die Kampfgruppe den Ausgang endlich erreicht. Dann quellen die Fahrzeuge und Truppen ununterbrochen Stunde um Stunde aus der Tempi-Schlucht heraus.

Panzer, Schützen, Gebirgsaufklärer, Kradschützen, Panzerabwehrkanonen, Fahrzeuge, Zugmaschinen und Artilleriegeschütze stoßen weiter in Richtung Larissa vor.

Die Kampfgruppe der 2. Panzerdivision wird mit verständlicher Freude von den Männern der 6. Gebirgsdivision begrüßt. Diese haben nach ihrem ungeheuren Umgehungsmarsch durch das Olymp-Massiv knapp eine halbe Stunde vorher den Ort Evangelismos nach hartem Kampf gegen griechische Truppen erobert.

Panzer und Gebirgsjäger haben sich damit den Austritt in die thessalische Ebene erkämpft.

Das nächste Ziel, Larissa liegt nun zum Greifen nahe vor ihnen.

Wenn die erschöpften deutschen Panzersoldaten, Kradschützen und Gebirgssoldaten gedacht haben, dass sie sich nun nach dem Durchbruch durch die Tempi-Schlucht erholen und Fahrzeuge sowie Material instand setzen können, so haben sie sich geirrt.

Oberst Balck lässt die Gebirgsjäger auf seine Panzer aufsitzen und von Evangelismos aus südöstlich entlang der Bahnlinie und einer Straße von mittelmäßiger Qualität mit Generalrichtung Larissa vorrollen.

Die Entfernung für die deutschen Truppen bis zum Ziel beträgt ungefähr 30 Kilometer.

Der Gefreite Berger bildet zusammen mit den drei überlebenden Besatzungsmitgliedern des Panzers 222 und einem neuen Kommandanten eine neue Panzerbesatzung.

Berger kennt die anderen Kameraden bereits, doch der neue Kommandant ist ihm und den anderen gänzlich unbekannt. Viel Zeit zum Kennenlernen bleibt den fünf Panzersoldaten allerdings nicht. Auch das Eingewöhnen im neuen, aus der Instandsetzung gekommenen Panzer III fällt sehr kurz aus.

Die Kampfgruppe stößt gerade weiter voran, als auf einmal feindliche Panzer voraus gemeldet werden.

In der Abenddämmerung sind mehrere leichte Vickers MK VI und Vickers MK II A 10 Cruiser Tanks zu erkennen. Begleitet werden sie von einigen Bren-Carriern.

Die 2-Pfünder-Kanonen der Cruiser Tanks blitzen in der beginnenden Dunkelheit auf. Auch die schweren 12,7 Millimeter-MGs der leichten MK VI beginnen zu hämmern.

Die deutschen Panzer formieren sich zur Abwehr.

Berger bekommt von seinem neuen Kommandeur namens Bahr den Befehl, das Bug-MG des Panzer III zu besetzen. Der Fahrer lenkt den Kampfwagen auf die Feindpanzer ein.

Der Turm dreht kurz nach und schon brüllt die 5 cm Kampfwagenkanone 38 L/42 auf.

Durch seinen Sehschlitz sieht Berger, dass der Schuss zu kurz liegt und vor einem der leichten britischen Panzer einschlägt.

„Weiter links einschlagen", kommt der Befehl von Bahr an den Fahrer. Kurz darauf folgt: „Gleiches Ziel – 50 mehr", für den Richtschützen.

Wieder brüllt die KwK auf und diesmal trifft die Panzergranate den MK VI.

Dieser Leichtpanzer von gerade einmal 5 Tonnen wird durch die 5 cm-Granate regelrecht zerrissen. Auch die anderen deutschen Panzer können Treffer erzielen. Schon bald stehen mehrere MK VI und auch Cruiser MK II in Flammen. Die Bren-Transporter kurven wild durch das Kampffeld. Auch sind vereinzelte Infanteristen zu erkennen, die aber immer rasch in Deckung springen. Berger kann ihnen nur selten ein paar gezielte MG-Garben entgegenschicken. Immer wieder kommen Anweisungen des neuen Zugführers, um die einzelnen Panzer effektiver zu platzieren und so die britischen Tanks auszumanövrieren.

Als immer mehr britische Panzer brennend und qualmend liegenbleiben, ziehen sich die restlichen Panzer zurück.

Trotz der einbrechenden Dunkelheit lässt Oberst Balck den geschlagenen Gegner verfolgen, um ihn daran zu hindern, sich wieder festzusetzen und einen neuen Abwehrriegel aufzubauen.

Mit letzter Willenskraft stapft und fährt die deutsche Kampfgruppe durch die mondlose Nacht.

Überstrapaziert stoßen in der Mitte des Angriffskeils die deutschen Panzer, flankiert von Kradschützen, motorisierten Schützen und Gebirgsjägern voran.

Immer wieder kommen kleine und größere Dörfer oder Ortschaften in Sicht. Sie werden schnell nach verschanzten Feindgruppen durchsucht und dann geht es für die Kampfgruppe weiter.

Der Feind befindet sich ungefähr 10 Kilometer vor den Deutschen. Wenn die Commonwealth-Truppen es schaffen, dann stecken sie ausgefallene Fahrzeuge in Brand. Hastig werden nun auch Versorgungslager geräumt und Munitionsstapel in die Luft gejagt. Immer wieder ist in der Nacht ein neues Feuerwerk zu sehen.

Die Rückzugsstraße der Briten ist daher durch ausgebrannte Fahrzeuge und vernichtete Ausrüstung gesäumt.

Nun wird die Landschaft zunehmend sumpfiger. Teilweise wurde sie auch von zurückgehenden griechischen oder britischen Truppen absichtlich unter Wasser gesetzt. Nur verhindert das nicht nur den Vormarsch der deutschen Truppen, sondern auch den Rückzug der eigenen Verbände.

Der Kampf entwickelt sich in diesem Abschnitt zu einem regelrechten Wettlauf mit den deutschen Verbänden – Ziel Larissa.

Die Truppen, die zu Fuß marschieren müssen, wanken eigentlich nur noch. Automatisch wird ein Fuß vor den anderen gesetzt. Die Munition ist auf den Mindestbestand gesunken. Verpflegung gab es schon einige Tage nicht mehr. Selbst die *Eisernen Rationen* der Landser sind verbraucht.

Irgendwann muss selbst Oberst Balck einsehen, dass seine Männer am Ende sind und ein weiteres Vorwärtsdrängen keinen Sinn mehr macht.

Also beziehen um Mitternacht Truppen Sicherungsposten an der Straße und der Bahnlinie. Spähtrupps betreiben Aufklärung. Die übrige Truppe rastet und lässt nachziehende Teile aufschließen. Schon bald ist bei allen Truppenteilen ein gleichmäßiges, monotones Schnarchen zu vernehmen. Die erschöpften Landser schlafen den Schlaf der Gerechten.

Der Gegner weicht auf breiter Front zurück.

Früh am nächsten Morgen geht es weiter. Es ist noch dunkel, doch die Sonne lässt sich bereits erahnen. Die Panzer der 2. Panzerdivision, Kradschützen, Teile des GR 141 und 143 rollen weiter auf Larissa zu.

Im aufkommenden Frühlicht zeigt sich die Rückzugsstraße in ihrem ganzen schrecklichen Ausmaß. Überall auf der Straße oder am Straßenrand stehen gesprengte britische Geschütze, ausgeglühte Panzerkampfwagen, verlassene, teils voll beladene Lastkraftwagen. Diese Spur der Vernichtung zielt direkt auf die aus dem Dunst hervortretende Häuserfront von Larissa zu.

Doch das langersehnte Ziel der deutschen Landser enttäuscht sie furchtbar.

Die Stadt ist ein einziger Trümmerhaufen. Deutsche Bomber und ein Erdbeben haben ihre schrecklichen Spuren hinterlassen. Kein Mensch ist zu sehen. Dafür streunen überall wilde Hunde und Katzen auf der Suche nach Nahrung umher. Nirgends gibt es Wasser.

Doch dann entdecken die Deutschen tatsächlich noch einen wahren Glücksfall. Die überstürzt abgerückten Commonwealth-Truppen haben auf dem Bahnhof mindestens 50 voll beladene Waggons mit Ausrüstung und Verpflegung zurückgelassen. Darüber hinaus erbeuten die Deutschen auch noch mehrere gefüllte Depots am Stadtrand und auf dem Flugplatz von Larissa stehen 14 zurückgelassene Maschinen.

Durch diesen glücklichen Zufall verbessert sich die Versorgungslage der deutschen Truppen schlagartig und so ist es den Nachschubeinheiten möglich, dass die Verbände in und um Larissa am Führergeburtstag reichlich erbeutetes Corned Beef, Zwieback, Wein, Zigaretten und frische Unterwäsche bekommen können.

Schon an den folgenden Tagen machen mannigfaltige Gerüchte die Runde. Es heißt bei den Landsern, dass die griechische Armee kapituliert habe. Die Kapitulation sei jedoch nur vor den deutschen Truppen, jedoch nicht vor den Italienern der Fall. Die Italiener wiederum sind deswegen sauer und fordern eine Gesamtkapitulation.

Die britischen Streitkräfte ziehen sich nun noch schneller zurück. Von den griechischen Truppen wird hingegen keinerlei größerer Widerstand mehr erwartet.

Auch bei den Commonwealth-Truppen, die hauptsächlich aus Neuseeländern und Australiern bestehen und ebenfalls keinen größeren Widerstandswillen mehr zeigen, machen sich Auflösungserscheinungen bemerkbar.

Berger und seine neue Besatzung machen sich wieder auf den Weg. Es geht nun aus Larissa heraus in Richtung Volos. Das Endziel soll Athen und der Kanal von Korinth sein.

Im Rücken haben die deutschen Kampfeinheiten nun das wunderschöne Panorama von Larissa mit dem malerischen Olymp-Massiv als Hintergrund. Doch für die deutschen Panzer, motorisierten Schützen und Kradschützen geht es vorwärts.

Berger blickt aus seiner Luke am Bug des Panzerkampfwagen III und genießt die frische Luft. Im Inneren des Kampfpanzers wird es durch die sengende Sonne immer heißer.

Auch sein Kommandant Feldwebel Heinz Bahr steht in der offenen Kommandantenkuppel. Selbst der Fahrer des Panzers hat seine Luke geöffnet.

Nach einer Fahrt, die sich wie eine halbe Ewigkeit anfühlt, wird eine kurze Rast befohlen. Die Panzer fahren an den rechten Rand der ausgefahrenen Straße. Die Panzersoldaten sind froh, dass sie sich endlich einmal die Beine vertreten können. Von hinten hören sie lautes Kettengerassel. Wenig später rollen einige Sturmgeschütze III mit der kurzen 7,5 cm KwK 37 an den rastenden Panzern III vorbei. Zwischen den schweren Panzerfahrzeugen sausen immer wieder Melder oder Kradschützen entlang.

Aus einem kleinen Dorf in der Nähe kommt plötzlich ein griechischer Pope spaziert. Der alte Mann mit seinem langen weißen Bart, der großen runden Brille auf seiner markanten Nase und der dunklen Kleidung mitsamt dunklem Hut macht auf die jungen Panzersoldaten großen Eindruck. Noch niemand von ihnen hat jemals einen Vertreter der griechisch-orthodoxen Kirche gesehen. Die jungen Panzermänner kennen meist nur die Priester oder die anderen kirchlichen Vertreter der katholischen oder evangelischen Kirche.

Der griechische Geistliche zeigt sich sehr freundlich und ist sehr interessiert an den schweren Panzerfahrzeugen und Versorgungs-Lastkraftwagen, welche mittlerweile eingetroffen sind.

Auch die deutschen Soldaten zeigen sich von ihrer freundlichsten Seite und mehrere Offiziere versuchen sich mit dem Kirchenmann zu verständigen. Überraschenderweise kann der Pope sogar einige Brocken Englisch und auch zwei Panzeroffiziere mittleren Alters haben in ihrer Vergangenheit ein paar englische Wörter aufgeschnappt.

Wo es mit Worten keine Verständigung mehr gibt, wird mit Händen und Füßen kommuniziert.

Auch der Gefreite Fritz Berger steht in der Nähe des griechisch-orthodoxen Kirchenmannes und schaut ihn fasziniert an. Dieser Mann in seiner schlichten Kleidung macht auf den jungen Gefreiten einen so bescheidenen, aber doch irgendwie erhabenen und respektablen Eindruck. Er wirkt irgendwie ganz anders auf den Panzersoldaten als die heimischen christlichen Prediger in ihren geschmückten Kirchengewändern.

Als die kleine Gruppe an der Reihe der abgestellten Fahrzeuge entlang geht, kommen nun auch kleine Gruppen von einheimischen Dorfbewohnern auf die Deutschen zu. Es sind immer Grüppchen zu drei oder vier Personen, oftmals sind es ältere Menschen und kleine Kinder. Manchmal sind auch junge Frauen dabei. Sie haben kleine Körbchen bei sich und reden auf die aufmerksam gewordenen Panzermänner ein.

Schon bald haben die deutschen Landser verstanden, was die griechischen Zivilisten von ihnen wollen. Nach kurzer Zeit ist ein reger Tauschhandel im Gange. Frisches Obst und Gemüse wird getauscht gegen Dosenfleisch, Tubenkäse oder Kekse. Kommissbrot wird eingetauscht gegen frisches Brot, Eier gegen Schokolade. Die älteren griechischen Männer bieten den jungen Soldaten einige einheimische Zigaretten an. Dafür erhalten diese ein paar deutsche Eckstein, Sultan oder Nordland.

Doch schnell müssen die Landser erkennen, dass die deutschen Zigaretten keineswegs mit den einheimischen Produkten zu vergleichen sind und man hört hier und da einen starken und anhaltenden Hustenanfall, der zur allgemeinen Erheiterung beiträgt.

Die kleinen griechischen Kinder, oftmals in ärmlicher Kleidung, interessieren sich viel mehr für die lustige Kleidung der fremden Soldaten. Speziell die schwarzen Schiffchen der Männer haben es den Jungen und Mädchen angetan. Die Landser lassen den Kindern ihren Spaß. Viele der deutschen Soldaten fühlen sich schmerzlich an ihre eigenen Kinder fern in der Heimat erinnert. Bei so manchem der abgehärteten Kämpfer werden die Augen in den verstaubten Gesichtern feucht.

Feldwebel Schubert sitzt wieder einmal im Beiwagen seines BMW R 75-Krades. Sein Fahrer, der Gefreite Jacob Lemke umkurvt gekonnt die auf der Straße und am Straßenrand stehenden deutschen Panzerkampfwagen, Lastkraftwagen und andere Fahrzeuge. Zwischen den deutschen Soldaten in ihren schwarzen und feldgrauen Uniformen sieht der Feldwebel auch kleinere Gruppen von Zivilisten.

Die Kradschützen sind angesetzt, die zurückflutenden Commonwealth-Soldaten zu verfolgen und sie sollen die geschlagenen Feinde daran hindern, neue Widerstandslinien zu errichten. Seitdem sie Larissa erobert und nach einem Tag wieder verlassen hatten, geht es nun in einem rasanten Tempo dem Gegner hinterher.

Das Ganze artet in den nächsten Tagen für die Einheiten der 2. Panzerdivision zu einer Verfolgungsschlacht durch Thessalien aus.

Der geschlagene Gegner stellt sich den deutschen Truppen nur noch selten und auch nur, um seinen rückwärtigen Einheiten das Ein- und Verschiffen zu ermöglichen. Zu anhaltenden und schweren Kämpfen kommt es nicht mehr. Die Straßen sind immer wieder gesäumt von ausgebrannten oder auch einfach stehen gelassenen Fahrzeugen der Briten. Auch Material und Ausrüstungsgegenstände aller Art finden die nachstoßenden deutschen Verbände immer wieder in den Straßengräben. Die Gefangenenzahlen steigen ebenfalls. Oftmals sieht man den gefangengenommenen Neuseeländern und Australiern an, dass sie genug haben und froh sind, dass für sie der Krieg vorüber ist.

Schlussendlich nimmt die Division sogar Athen ein. In der griechischen Hauptstadt kommt es nur zu sporadischem Widerstand. Die Truppen der 2. Panzerdivision verbleiben größtenteils als Besatzungstruppen in der griechischen Hauptstadt.

Am 27.04.1941 kann der Wehrmachtsbericht vermelden, dass die Hakenkreuzfahne über der Akropolis, dem Wahrzeichen Athens weht.

Für Feldwebel Michael Schubert, den Gefreiten Jacob Lemke und auch für den Gefreiten Fritz Berger mit seiner neuen Besatzung ist der feierliche Höhepunkt des erfolgreich abgeschlossenen Griechenlandfeldzuges die feierliche Abschlussparade der deutschen Truppen in Athen vor Generalfeldmarschall Wilhelm List, dem Oberbefehlshaber der 12. Armee.

In den nächsten Tagen nutzen Berger, Schubert und Lemke die Gelegenheit, sich endlich als friedliche Touristen zu betätigen und natürlich werden auch Schnappschüsse vor der Akropolis gemacht.

Ab dem 6. Mai beginnt für Feldwebel Schubert und die anderen Soldaten der 2. Panzerdivision der Rücktransport in die Heimat.

Ende

Ihre Zufriedenheit ist unser Ziel!

Liebe Leser, liebe Leserinnen,

hat Ihnen unser Buch gefallen? Haben Sie Anmerkungen für uns? Kritik? Bitte zögern Sie nicht, uns zu schreiben. Wir werden jede Nachricht persönlich lesen und beantworten.

Schreiben Sie uns: info@ek2-publishing.com

Wussten Sie schon, dass Sie uns dabei unterstützen können, deutsche Militärliteratur sichtbarer zu machen? Bitte nehmen Sie sich einen Moment Zeit und bewerten Sie dieses Buch online. Viele positive Rezensionen führen dazu, dass das Buch mehr Menschen angezeigt wird.

Sie können somit mit wenigen Minuten Zeitaufwand unserem kleinen Familienunternehmen einen großen Gefallen tun. Vielen Dank für Ihre Unterstützung!

PS: In seltenen Fällen kommt ein Buch beschädigt beim Kunden an. Bitte zögern Sie in diesem Fall nicht, uns zu kontaktieren. Selbstverständlich ersetzen wir Ihnen das Buch kostenlos.

Landser im Weltkrieg – **„Schlachtschiff Gneisenau im Seekrieg"** erscheint im Monat September als E-Book und Taschenbuch überall, wo es Bücher gibt!

Die Salven liegen sämtlich deckend, während die Zerstörer-Artillerie aufgrund der großen Entfernung mit ihrem Feuer immer zu kurz liegt.

„Der Flugzeugträger brennt und hat starke Schlagseite nach Steuerbord."

Die Stimme aus den Bordlautsprechern erreicht jeden Mann im Schiff.

Die beiden deutschen Schlachtschiffe fahren unter Klarschiff-Verschlusszustand. Das heißt, die Männer sind auf ihren Gefechtsstationen eingeschlossen und von der Außenwelt völlig isoliert.

Für deren Motivation ist es wichtig, dass sie wissen, was um sie herum vorgeht.

Aus den Bordlautsprechern krächzt die blecherne Stimme erneut: „Deckend, zwei Treffer!"

Um 17.58 Uhr ertönt das Kommando: „Schwere: Halt, Batterie – Halt!"

Dort wo der Träger sein muss, behindert dichter Rauch durch die erzielten Treffer der deutschen Schlachtschiffe und die daraus resultierenden Brände zeitweilig die Sicht. Eine weitere Trefferwirkung kann kurzzeitig nicht beobachtet werden. Dadurch können auch die Entfernungsmessgeräte längere Zeit keine Werte bekommen. Durch diesen Umstand wird erst spät erkannt, dass der britische Flugzeugträger erheblich an Fahrt verloren hat und zuletzt mehrfach überschossen wurde.

Die beiden britischen Zerstörer erfüllen weiterhin geschickt ihre Aufgabe.

KEINE NEUERSCHEINUNG VERPASSEN

UND GRATIS E-BOOK SICHERN!

Tragen Sie sich in den Newsletter von EK-2 Militär ein, um über aktuelle Angebote und Neuerscheinungen informiert zu werden und an exklusiven Leser-Aktionen teilzunehmen.

Als besonderes Dankeschön erhalten Sie <u>kostenlos</u> das E-Book »Die Weltenkrieg Saga« von Tom Zola. Enthalten sind alle drei Teile der Trilogie.

Link zum Newsletter:
https://ek2-publishing.aweb.page

Über unsere Homepage:
www.ek2-publishing.com

LANDSER IM WELTKRIEG

KAUFEN!

Direkt zur Serie:

Eine Veröffentlichung der EK-2 Publishing GmbH

Friedensstraße 12
47228 Duisburg
Registergericht: Duisburg
Handelsregisternummer: HRB 30321
Geschäftsführerin: Monika Münstermann

E-Mail: info@ek2-publishing.com
Homepage: www.ek2-publishing.com

Cover/Umschlag: Kayla Pelgrim
Autor: Hermann Weinhauer
Lektorat: Martina Wehr
Buchsatz: Heiko Piller

1. Auflage

Druckhinweis:
Libri Plureos GmbH
Friedensallee 273
22763 Hamburg